Live Stroll Through A Movie

TUFTI the Priestess

タフティ・ザ・プリーステス

世界が変わる現実創造のメソッド

ヴァジム・ゼランド
成瀬まゆみ［監訳］
モリモト七海［訳］

SB Creative

Contents

タフティ・ザ・プリーステス
世界が変わる現実創造のメソッド

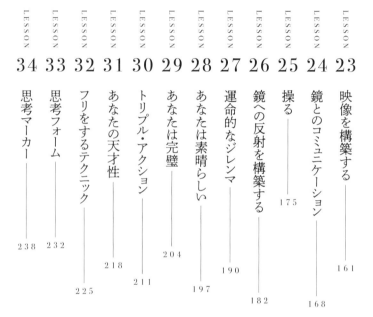

装丁／井上新八
本文デザイン／高橋明香

はじめに

こんにちは、私の愛しい変わり者さん！

あなたは、私のことを覚えていないと思いますが、私はタフティです。時空を超えて、あなたに会いに来ました。「永遠」という時空です。永遠の世界からは、好きな場所や好きな時間に行くことができるのです。

3千年前、私はイシス神殿の巫女でした。今の私が何者かというのは、また後ほどお話しします。大事なことは、あなたが誰であるかということを私が知っていることです。それについてもいつかお話しします。**あなた自身は自分が何者であるかを知っていますか？**

あなたは「自己取扱説明書」なしに、この世界にやってきました。もちろん、「手は洗うもので、オムツは替えるものだ」くらいのことは、教わったことでしょう。しかし、あなたはそれ以上のことは教わりませんでした。自分自身についてはもちろんのこと、この世界についても……。

たとえば、あなたは自分自身の考えを持っていると思っています。しかし実際、**あなたの考えは植えつけられたものです。**あなたは自分の行動をコントロールできていると思っていますが、実際には、**自分の行動だけでなく、思考さえもコントロールすることができていないのです。**あなたは自分の頭で考えていない愚か者です。ひっぱたきたいような気持ちになります。

あなたは孤独で、不幸で、誰からも愛されていないと思っていることでしょう。でも私はあなたを愛しています。そして、あなたにお話があります。

私はこれから世界の仕組みと、実際には何が起こっているのかをあなたに話しましょう。そして、なぜあなたがここにいるのか、人生をどう生きればいいのかを伝えましょう。**そういったことを、あなたは何もわかっていないからです。**落ち着いて、話をしっかり聞いてください。

まず初めに、現実はあなたが想像しているようなものではないという事実からお話ししましょうか。現実は玉ねぎのようにいくつもの層になっているのです。あなたは2つの層にしかなじみがありません。それは、あなたが住んでいる物理的な現実世界と、夜、眠っているときに見る夢の世界です。

夢の空間は想像の世界ではありません。その空間は映画の保管庫のような形で実在しています。そこには**起こったこと、これから起きること、そして起きたかもしれないこと**のすべてが保管されているのです。

夢を見ているときは、その保管庫にある映画の一つを鑑賞しているようなものです。そういう意味では、あなたの夢は幻想でもあり、現実でもあるのです。あなたの見ている映像はバーチャルなものであったとしても、映画のリールは実在するのです。

現実というのは、**起こったことでもなく、これから起こることでもありません。**

「一度きりの今のこの時点」でのことです。現実は一瞬だけ存在します。それは、まるで過去から未来へと流れている映画の1コマのようなものです。

あなたの命、より正確にはあなたの本質、魂も、一つの形から別の形に流れていきます。あなたはかつて、魚、恐竜、または地面を這う生き物のときがあったのです。それから思えば、ずいぶんと進歩したものだと自分を慰めてはいけません。たとえば私のように完璧になるには、まだまだ長い道のりが必要です。

自分自身の過去の姿をあなたは覚えてはいないでしょう。というのは、一つひとつの姿はあなたの魂の別の形であり、ある意味では、別の夢だからです。

肉体がなくても魂は存在します。肉体は魂が存在する形の一つにすぎないのです。肉体は一種のバイオスーツのようなものです。

あなたは疑問に思うかもしれません。「こうやって姿を変えることに何の意味があるのか？」と。

それが現実と人生の基本的な性質なのです。つまりは、**動きと変化**です。映画のリールが回り、コマは進み、イモムシは蝶になるのです。その蝶は卵を産み、それがまたイモムシとなり、また蝶になっていきます。

現在の進化の段階では、まだあなたは小さくて気味の悪いイモムシです。それが今のあなたなんですよ。あなたにはこれからつきっきりになりそうです。

だから、どうか私の声に耳を傾けてください。寝ているか起きているかは、関係ありません。あなたは子どものころ、現実と夢を区別していませんでした。もう覚えていないと思いますが、そのころは現実と夢の世界に境界などなく、2つの世界に違いはないと思っていました。しかし大人たちは、夢の世界は想像の産物にすぎず、現実とは違うと説明したのです。

実は、あなたは誤ったことを信じ込まされました。あっちの世界は、この世界と同じように別の空間に実在しているのです。眠りに落ちたときに別空間に移動し、目を覚ましたときに、また別空間へ移動しているのです。びっくりしますよね。ちょっと怖いですか？

夢と現実はまったく別物だという考え方にあなたは慣れきってしまっていますが、夢と、夢から目覚めることはまるで、生と死のような関係です。生きることが夢であり、死はそこから目覚める体験です。いいですか、その反対ではありませんよ。

さあ、愛しい人、順を追って進みましょう。一歩ずつ進めばいいのです。夢と現実の世界には3つの類似点と1つの違いがあります。違いについては、後ほど述べます。類似点は以下の3つです。

1つ目は、「夢を見ているときも、起きているときも、あなたは眠っている」という点です。そのため、あなたはどちらにおいても無力です。どちらの世界もあなたの意思とは無関係に存在しています。夢の中においても、起きている世界においても、目を覚ます方法を私が教えます。

2つ目は、どちらの空間でも、現実は映画の中のコマのように動くという点です。しかし、あなたは今ここで起こっていることしか見られないので、それに気づきません。夢は現実ではないという大人の言葉を信じるようになったときから、あなたはこれからのことを見る能力を失いました。

3つ目は、夢の世界でも、この世界でもコマの動きをコントロールできるという点です。今、あなたがその動きをコントロールできていないのは意識を向ける先を現在のコマに留めているからです。これが何を意味するかは、すぐにわかるようになります。しかしそれがなんとなくわかるだけだとダメなのです。しっかり理解して初めて、現実を動かすことができるようになるのです。

LESSON 1

2つのスクリーン

さあ、愛しい人、「はじめに」では3つのポイントを説明しましたよね。

◉夢の中でも、起きていても、あなたは眠りこけている。
◉夢も日々の現実も、映画の1コマ1コマのようなもの。
◉その映画のコマの動きを本当はコントロールできるが、あなたはそれをしていない。

あなたは自分のバカげた夢も、哀れな人生も、コントロールしていません。なぜなら、それはあなたが眠りに落ちているからです。そして、コントロールすることが可能であることにすら気づいていないからです。

まず簡単なことから説明しましょう。「眠りに落ちている」とは何か、からです。「あなたは『自己取扱説明書』なしに、この世界にやってきました」と私が言ったのを覚えていますよね？　いいですか、あなたは、内部と外部、２つのスクリーンを持っていて、「意識」というものを持っています。あなたの意識は内部または外部のスクリーンに常にあって、その中間にあることはほとんどありません。ですから、あなたは常に「眠っている」ということなのです。

考え事にふけっているときには、あなたの意識は完全に内部のスクリーンに注がれています。そんなときは、周りで起きていることに気づかずに、自動的に行動してしまうかもしれません。その反対に、意識が外部にばかり集中していると、自分のことを忘れてしまい、反射的に行動してしまうことでしょう。

これが「眠りに落ちている」ということです。自動的に、あるいは反射的に行動する状態のことで、意識は外部か内部のスクリーンに向けられています。この状態だと、あなたは無力であり、起こっていることはもちろん、自分自身さえもコントロールできていません。

この意味で、「眠り」と「夢」は同じものではありません。**「眠り」とは、「戻ることが可能な意識のない状態」のことです。「夢」とは、「夢の世界でも、現実の世界でも、目で見ているもの」のことを指します。**

それでいて、「現実」と「夢」は本質的には同じものです。あなたは現実という夢を見ているのです。現実は夢であり、夢もまた現実なのです。それはなぜでしょう？その理由は、もうすぐわかるようになりますよ。

次に、目覚める方法を教えましょう。**夢や現実の世界で目を覚ますためには、内と外のスクリーンから意識をそらし、「気づきの中心点」に意識を向けなければなりません。**

簡単にできるはずです。鼻の周りを指で叩いてみてください。あなたは今さっきまでどこにいましたか？　自分の空想を漂っていましたか？　それとも目を見開いて、素晴らしい私を褒めたたえていましたか？　あなたの意識は、どのスクリーンに注がれていましたか？　今はどこにありますか？

2つのスクリーンの中間地点を見つけてください。その中間地点からだと、自分の考えていることと周りで起こっていることを同時に観察することができます。あなたを取り巻く現実と、その現実の中のあなた自身をも見ることができます。2つのスクリーンを同時に見ればよいのです。**大丈夫。できますよ。**

ただ、そんなことができると言ってくれた人は誰一人いなかったし、そういうふうにすればいいのだと思ったことが今までなかっただけなのです。大人はいつも、「こっちを見なさい」、「私の言うことを聞くんだよ」、「私の言うとおりにしなさい」と言います。そうやって外のスクリーンに意識を向けることに慣らされてしまったのです。

そして物事がうまくいかないと、がっかりして、自分がどれほどちっぽけで不幸であるかと嘆きながら、一人ぼっちでしゃがみ込みます。そして、自分の唯一の避難場所である内部のスクリーンに引きこもってきたのです。

あなたは意識をしだいにスクリーンの中間地点ではなく、どちらかのスクリーンに向けるようになります。最終的には、あなたは意識をコントロールすることをやめ、意識は自分勝手に漂います。そして、あなたは常に無意識の状態に陥るのです。

この状態では、効果的な行動はできません。だまされ、なじられ、脅され、奪われ、殴られることさえあります。適切な対応ができないのです。あなたは常に劣等感に悩まされながら、外的な状況に左右され、幸運を追い求めます。

運に頼るのは、誰だかわかりますよね？　そうです、それは敗者です。つまり、あなたは敗者なのです。**無自覚な状態で何かをしても、その有効性は5〜10％しかないのです。**

大丈夫、泣かないのよ、かわいそうなあなた。すべてうまくいきますよ。どうすればいいかを教えますから。

LESSON 2

夢の中を自由に歩く

愛しい人、先ほどのレッスンでは、あなたは次のことを学びました。

- 「眠りに落ちている」というのは、自分の意識が外か内のスクリーンにある状態のことを指す。
- 夢の中でも、現実の中でも、眠りに落ちることもできるし、眠らないこともできる。
- 目を覚ますには、自分の意識を「気づきの中心点」へと持ってくる必要がある。

「気づきの中心点」とは、観察ポイントのことで、意識がどこに向き、何に注がれているかが見えるところです。そこでは周りで何が起きているか、自分が何をしているかを見ることができます。

さあ、目を覚まし、自分自身に問うのです。「自分はどこにいるの?」「何をしているの?」「意識はどこに向いているの?」。その瞬間、あなたは目覚め、「気づきの中心点」に入っていることに気づきます。「私はここにいて、これが私を取り巻く現実世界なのだ。私はわかっている。私には自分が見えている。現実が見えている」。

私の大切なあなた、それはあなたにとって、慣れていない状態でしょう。こういう状態にはなかなかなりません。たいていの時間は、あなたは外部、もしくは内部のスクリーンに没入しています。

それでは今から、少なくとも1時間は、この**「目覚めている状態」**を続けてみましょう。そして、何が起こるのか待つのです。おもしろいことになりますよ。

この「目覚めている状態」に入るのは、十分に睡眠が取れた明るい気分の朝に行うのがベストです。不機嫌で調子が悪いときは、試してみても無駄でしょう。

自分にこう言い聞かせながら、気づきの中心点に入りましょう。**「自分を見て、現実を見る」**と。

「今日、私は目を覚ましながら、夢の中を歩き回る」という意図を明確にしましょう。そういった**明瞭な意識状態**で、職場や学校など、好きな場所に出かけていってください。

その効果を最大限に得るには、誰もあなたのことを知らない場所に行くのがいいでしょう。ショッピングセンターや娯楽施設をブラブラと歩いてみるのです。これこそがまさに夢の中を自由に歩いているということです。

というのも、どちらかのスクリーンに没入しているときは、あなたは本当の自分ではありません。自分も状況もコントロールできていないのです。それどころか、どんな状況も夢となり、あなたをコントロールしているのです。

一方で、「目覚めている状態」とはどんな状態なのでしょうか？　それはあなたが解き放たれ、あなたの夢が**意識的なもの**になった状態のことです。それが夜の夢なのか、起きている間の夢なのかは関係ありません。あなたは自分自身をコントロールするだけでなく、周りの状況をコントロールする力も身につけます。それは最も大事なことです。しかし、それについては後に詳しく述べます。まずは、散歩に出かけ、自分が目にするものを観察してみてください。

気づきの中心点を意識して、たとえば、お店に入ってみてください。お店の人に挨拶をし、店内を歩き回り、何かを尋ね、店員の反応を観察してみてください。絶対に眠ってはいけません。誰かと話し始める前に必ず自分の意識が中心点にあるようにしましょう。**「自分を見て、現実を見る」**。

周りの人がなぜかあなたに興味を持ち、特別に親切に接してくれることに気がつくでしょう。今までとはまったく違う態度です。一体、何が起こったのでしょうか？

周りの人は、あなたと違ってまだ眠り続けています。彼らの意識は別のことでいっぱいで、日常の台本に入り込んでいます。彼らの思考は不明瞭であり、行動は無意識です。彼らはまるで映画に出てくる登場人物であるかのようだとも言えます。

あなたは、周りの他の人とは異なり、夢の中で目覚めていて、映画のスクリーンから映画館のホールに出てきているようなものです。あなたはいつでも映画の世界に出入りすることができ、他の登場人物の間を自由に歩き回ることができます。ストーリーに関係なく、です。

この状態になると、あなたは周りの人と少し違う世界にいるかのような印象を与えます。はっきりとはわからないけれど、あなたには何か変わったところがあると周りの人は漠然と感じてしまうのです。しかし心配する必要はありません。彼らはあなたに興味と親しみを持って接していることに気づいていません。そしてあなたも、「あなたたちが知らないことを私は知っている」といったそぶりはしないでください。

なぜ彼らはあなたに親しみを感じてくれるのでしょうか？　特にあなたを知らない人が、です。彼らにとってあなたは、闇の中のホタルのようなものなのです。意識的な気づきの状態にいると、エネルギーの流れが変わります。物質的にはっきりと見ることはできませんが、無意識に感じ取れるものなのです。

目覚めた状態で夢の中を歩いているだけで、周りの人の注目や善意を集めることになります。新しい友人ができ、楽しい会話の中で時間を過ごすことができます。しかし、それはほんの始まりにすぎません。お利口さんになるのですよ。現実の動かし方を学ぶのです。頭が混乱していますか？　大丈夫ですよ。心配しないで、私のかわいいあなた。

LESSON 3

「現実」へようこそ

さあ、愛しい人、目覚めた状態で夢の中を歩いてきたのなら、現実と映画を比較するのは、それほど単純な話ではないと気づいたことでしょう。あなたは命を吹き込まれた登場人物として映画の中にいましたが、一方で、他の登場人物は、まるで眠っているかのように外部の台本に従って動き続けていたということです。

まさか、そんなことはないでしょう⁉ とあなたは思うかもしれません。結局はすべての人たちが夜にはベッドで眠り、日中は少しは意識的に行動していますものね。

しかし、自分の意識が常に内部スクリーン、もしくは外部スクリーンに注がれているときには、その「少しは」というレベルは、実は無視できるものなのです。そのことをしっかり見て、その仕組みを理解してください。

現実という夢の中で散歩に出かけると、自分がスクリーンの中に落ちて眠ってしまうことに、これからは気づくことができるでしょう。何かがあなたの気持ちを乱し、意識はそれ、あなたは何かを考え始めて……。はい、それです！　そうすると、あなたはもはや目覚めた人間ではいられなくなります。あなたは自分自身さえも所有できなくなるのです。

では、あなたを所有しているのは誰なのでしょう？　誰からの指示を受けているのでしょうか？

それは、台本です。あなたは外部からの台本に指示されて、映画の一部に取り込まれ、登場人物の一人と化したのです。

タイミングを見て、それがどういう意味かを後に詳しく伝えましょう。今のところは、たった一つのシンプルなことを理解しておいてください。それは寝ていたとしても、起きていたとしても、あなたは映画の中にいて、台本に沿って生きているということです。**あなたは、あなた自身のものではないのです。なぜなら、あなたの意識が、あなたのものではないからです。**

しかし、目を覚まして、自分の意識をちゃんとコントロールしさえすれば、台本はあなたに対するコントロールを失います。もちろん、あなたはふだんどおりに仕事に行ったり、学校に行って授業を受けたりと、日々のすべきことをこなしていかないといけません。しかし、台本に埋め込まれているときほど、厳格に行わなくても大丈夫です。

周りの眠っている登場人物とは違い、あなたは自分を見て、現実を見て、**意識的に自分の意思をコントロール**できています。これが新しいレベルでの自己管理と現実管理への第一歩です。以前にはなかったことです。あなたは毎朝眠りから目覚めていますが、より高いレベルでの目覚めを得ようとしたことはなかったでしょう?

夢の中で、これが夢であるとわからなければ、あなたは無力です。現実でも同じです。あなたは現実という映画の中にいて、完全にその物語に取り込まれています。というのも、あなたの意識がどちらかのスクリーンに向いてしまっているからです。しかし、周りの登場人物とは違って、あなたは意識のレベルを上げ、夢の中で目覚めることができます。そして、もう一つレベルを上げれば、現実でも目覚めることができるのです。

夢の中の他の登場人物たちには、そんなことは不可能です。では、そういった人たちと、目覚めている人とはどう違うのでしょうか。夢の中の人間には、「自己認識」がないのです。アイデンティティの感覚がなく、個々の意思もありません。彼らは自分の思いどおりには行動しておらず、台本の言いなりです。魂もありません。単なる「ひな型」であり、マネキンにすぎないのです。

夢の中で目覚められるようになったら、こんな実験をしてみてください。夢の中のマネキンにこういう質問を投げかけるのです。

「あなたは誰ですか？」

彼らはその質問に答えようとしないか、答えたとしても台本の中での自分の役柄を答えるでしょう。「私は私自身です」と答えることなどできません。彼らマネキンには、「自己」というものがないからです。

同じように、マネキンにこう尋ねてみてください。

「知っていますか？　今、私は眠っていて、その夢の中であなたを見ているんですよ」

この質問にも、彼らは途方にくれることでしょう。

というのも、彼らは眠ったこともないし、目覚めたこともないからです。夢の中のマネキンはすでに撮り終えた映画の登場人物のように、その映画の中で生きているだけなのです。

普通の映画と唯一違うところは、普通の映画は人が撮影しますが、夢の中の映画は**「永遠の保管庫」**の中に存在するというところです。常にそこにあったし、これからもずっとあるのです。**この宇宙が存在するかぎり。**

生きている人たちは魂、意思を持ち、自己認識を持っています。彼らは「私は私だよ」と答えることができます。とはいえ、彼らが自分自身に関して言えるのはそれだけです。生きている人たちは自己認識があるにはあるのですが、あなたも見てきたとおり、彼らの自己認識はふだんは眠っています。彼らの意思も、ほとんど発揮されません。何らかの行動を起こす必要があるときに、たまに使われるだけです。

本質的に、意思というのは現在のコマの中においてのみ、使われます。このことに関してはまた後ほどお話ししましょう。あなたには敬意を示して、ずいぶんとたくさんの時間を使ってきました。

私の愛しいろくでなしさん。このせっかくのチャンスを逃すことなく、私を褒めたたえ、敬いなさい。私はタフティ。あなたの崇高な巫女です！

LESSON 4

意識の向け先を観察する

さあ、私の愛しいあなた、今までのことをおさらいしてみましょう。

◉通常の意識状態においては、あなたは映画の中のただの登場人物である。
◉意識があなたのものではないとき、あなた自身もあなたのものではない。
◉あなたは映画に織り込まれた台本の言いなりである。

わかりやすくするために、「映画」とか「台本」とかいう表現を使ってきました。なぜなら、眠っているときも起きているときも、あなたはほとんど同じことをしているからです。つまり、映画を見ながら、自分の裁量で行動する権利を持たない登場人物として、その映画に出ているだけなのです。

もしあなたが、自分の行動が自分で決めたものであり、他の誰かに決められたものではないと思うならば、自分の意識を見てみましょう。あなたの意識は、今どこに向けられていましたか？　あなたの意識は、誰がコントロールしていましたか？　あなたではなかったでしょう？　では、それは誰のものだったのでしょうか？

それは、まさに台本のものなのです。**あなた（正確には、あなたの本質）とは、あなたの意識そのものです。**もし、あなた（意識）が自分自身をコントロールしていないなら、台本があなたに指示を出します。寝ていても、起きていても、それは同じです。夢は現実と同じであり、現実は夢と同じです。現実とは**起きているときの夢**で、通常の夢は**眠っているときの夢**なのです。

夢には、明晰夢と普通の夢があります。普通の夢の中では、あなたは子うさぎのように愚かで、無力な存在です。でも明晰夢の中では、自分の意識をコントロールすれば、**思いのままに**行動する能力が身につきます。

あなたは**自分自身をコントロールできる登場人物**となり、夢の中を自由に動き回れるようになるのです。起きている時間にそうなれるよう試してみたことはあるでしょう？　それと同じことを、そのうちに寝ているときにもできるようになります。

しかし起きているときに、それができるようになるほうがずっと大事なことです。なぜなら寝ているときに見ている映像も、本当の映像として「永遠の保管庫」の中にあるのですが、それはバーチャルなものです。一方で、人生とはリアルなものです。人生において、誰か他の人の台本で空しくがんばるか、**自分の台本を使う**かです。

内部と外部のスクリーンに落ちてしまう習慣のせいで、あなたは夢の中を自由に歩き回ることができません。あなたの意識は「気づきの中心点」に長く留まってはいられないのです。いつもそうですよね？　では、そんな情けないあなたに何ができるでしょうか？　それは、**自分の意識を中心点に戻すという新しい習慣をつける**ことです。

夢の中を歩き回りながら、**「目を覚ますのを忘れないこと！」と自分に言い聞かすのです。**それを自分の目標にします。そうでなければ、つい忘れてしまうことでしょう。怠け者や忘れっぽい人は、何も学ぶことができないのですよ。

今後、あなたは歩きながら、自分が常にスクリーンに落ちて眠ってしまうことに気がつくでしょう。大丈夫！　気を落とすことなく、何度も何度も意識を元に戻すのです。自分自身である**「意識」の向け先**に、気を配りましょう。

あなたの意識をずっと中心点に留めておこうとする必要はありません。この練習の意義は別のところにあります。それは**「起きている出来事への対応力」を磨く**ことです。たとえどんなにささいな出来事が起こっても、あなたの意識はふだん、外部で映写されている映画、また内側の不安に向かってしまいます。そうすると、あなたは眠りについてしまうのです。

今すぐに**逆の習慣を身につける**必要があります。つまり、**出来事のせいで眠るのではなく、目を覚ます**のです。どんなささいな外側の変化、たとえば周りで空気の流れに変化があったことにも気を配り、目を覚ますためのシグナルだととらえるのです。行動をする際にも、同じように、意識を向ける先をどこにするかを思い出すのです。

思い出すための**トリガー（きっかけ）**には、次の2種類があります。

外部トリガー――何かが起きれば、目を覚ます。
内部トリガー――何かをする前に、目を覚ます。

外部トリガーの例を出しましょう。あなたが誰かに会ったとします。もしくは、誰かに頼み事をされたり、あなたの身近なところで何かが起こったり……。どんなことでもかまいません。あとは何かの音がしたり、何かが動いたり……。以前にあなたが意識を向けて、気にしていたようなものです。そのようなことが起こったら、すぐにそこに意識を向けたとしても、コントロールを失わないでください。自分の意識を中心点に保っておくのです。

次に内部トリガーの例です。あなたはどこかに出かけようとしたり、何かをしようとしたり、誰かと話そうとしたりしています。そういった行動を起こす前に、意識を中心点に持ってくるのです。**「前」というのが大切です。**なぜなら、行動を起こした後だと、手遅れになります。最初に眠りに落ち、その後に目が覚めて、寝てしまっていたことに気がつくことになるでしょう。

こういったことは武術の練習のように何回も繰り返すことで、できるようになっていきます。それしか方法はありません。意識を向ける先をコントロールできるようになれば、あなたのくだらない日々を少しはコントロールできるようになります。そうすれば、あなたの人生ももうちょっとマシになるかもしれません。

一つ警告しておきましょう。周囲の人たちが眠り続けている間に、あなたは夢の中で目覚めて、明晰さと力を手にしました。だからといって、その優位さを鼻にかけてはいけません。他の人に対して見下したり、恩を着せたりしてはいけません。それができるのは私だけです。なぜなら私はタフティだから。あなたの巫女です。あなたは、私に従い、私のことを一途に慕っている下僕《しもべ》です。違いますか？ さあ、私のほうを見て！

LESSON

5

現実を構築する

私の愛しい、かわいい人、これまでに大切なことを理解し、身につけてきましたね。褒めてあげますよ！　前のレッスンでは、意識を向ける先に注目する方法について学びましたね。

- **いつも自分の意識が向く先を気にかける。**
- **何かが起きれば、目を覚ます。**
- **何かをする前に、目を覚ます。**

こうすることで自分の意識をコントロールする習慣が身につきます。そして意識だけではなく、自分の人生をもコントロールできるようになります。しかし、これができるようになったからといって、眠っている人を見下してもいいということではありませんよ。眠っている人たちを静かに見守るのです。「お前たちが知らないことを自分は知っている」といったそぶりをしないでください。**あなた自身も眠っているようにふるまうのです。**夢の中でも、現実でも、です。

覚えておいてください。夢の世界へ入ったら、周りの人に優しく接するということを。そうでなければ、あなたは罰を受けるでしょう。傲慢で、横柄な、うぬぼれの強い人間は、鼻をへし折られると相場が決まっています。私からではなく現実から罰を受けるのです。私はあなたにそこまでひどいことはしませんよ。

よく聞いて。私があなたに初めて会ったとき、あなたにこう伝えたはずです。「現実というのは、起こったことでもなく、これから起こることでもありません。『一度きりの今のこの時点』でのことです」と。

現実は一瞬だけ存在します。それは、まるで過去から未来へと流れている映画の1コマのようです。あなたにはこの意味がわかりますか。

これは、瞬間的に映し出されたもの、つまり「光で照らされたこのコマ」だけが実在していることを意味しています。その他のものはすべてバーチャルです。過去も未来も、です。起こったこと、これから起こること、そして起きたかもしれないことすべてが映画のコマに録画されていて、それが保管庫に永遠に存在しているのです。

過去や未来は、どれも情報です。情報というのは、実体のないものです。触ることもできません。しかし、その情報を伝える媒体は物質的なもので、アクセスすることができます。透視能力者は、そうやって過去をのぞき見たり、未来を予言したりするのです。

映画の保管庫というものは実際に存在しますが、エーテルのように触れることはできません。エーテル体は**夢の空間**に漂っているのです。寝ている世界にも、起きている現実にも、共通の夢の空間があります。あなたが寝ている間に見ることは、どんなことでもありえます。過去であろうとも、未来であろうとも。しかし、それが起こったかどうか、または起こるかどうかは、わかりません。異なるバリエーションが無数にあるためです。

夢の中で起きることは、現実世界でも起こりうることです。そして、その逆もまたしかりなのです。その意味で、夢の空間と現実は、映画の保管庫を共有しています。あなたは、夢においても、現実においても映画の保管庫をざっと見渡すこともできますし、その中に存在することもできます。しかし、どれか一つのコマの中にしかいることはできません。それぞれのコマが展開していき、それが**新しい現実となる**のです。生物も、非生物も、すべてのものが原子のレベルまでアップグレードされるのです。

生物の魂だけは不変です。魂は夢の中の映画を見ることができ、現実世界では映画のコマに沿って動きます。あなたの本質は夢の中を飛び回ってきましたし、未来でも飛び回ることでしょう。

私たちの世界は、命ある形とそうでない形で成り立っています。命というのは、物質的現実の中に埋め込まれている含有物のようです。現実自体は生きていません。命が生きているのです。命が現実の流れを決め、**命が現実を構築する**のです。

私のかわいいぼんくらちゃん、今言ったことは、大変重要です。**現実を構築するということは、コマがどのような方向性で進むか、どの映画を流すかを決める**ということです。あなたにはそれをする機会があるのに、その機会を無駄にしています。それと同様に「意識をコントロールする」という能力もうまく使っていないのです。

今の現実に対してあらがうのではなく、先の現実を作っていく必要があるのに、あなたが今やっていることは何でしょうか？　あなたは現在のコマの中で、今の現実を変えようとやっきになっているのです。自分がやっていることをわかっていますか？

繰り返しましょう。現実とは、一体、何なのでしょうか？　現実は、過去にもなく、未来にもありません。一度きりの今ここにあるものです。現実は、すでに起こったからこそ、「現実」なのです。**すでに起こったことは変えられません。**なのに、あなたはそれをしようとしているのですよ。周りのすべてのことは、もうすでに起こったことだというのに。

現在は、過去とほとんど一緒です。過去というのは、遠い昔に起こったことで、現在というものは、この一瞬に起こったものなのです。現在も変えることはできません。あなたは現在というこの瞬間にいながら、実際にはずっと過去に居続けているようなものです。なぜならば**あなたの意識が現在の映画のコマに囚われているから**です。そして、幻想に惑わされ、未来に進むことができません。だから**未来があなたの思いどおりにならない**というわけなのです。

あなたは自分がしていることをちゃんとわかっていて、物事を決めたり、問題を解決したり、目標を達成したりしていると思っています。しかし、これらの行動はすべて現在のコマの中で無意識に行っているにすぎません。**自分が選んでいない映画に沿って、台本があなたを運んでいる**のです。あなたがしていることと言えば、まるで動物のように、無力に手足をばたつかせているだけなのです。

これがあなたなんですよ、私の愛しい子うさぎちゃん。あなたといると、本当に疲れてしまいます……。

LESSON

6

意図の三つ編み

私の大切な人、いつものようにおさらいです。

- 実際の現実とは、「すでに起こったこと」。
- すでに起こったことは変えられない。
- それにもかかわらず、あなたは現在のコマの中で、「あなたにとっての今の現実」を変えようとしている。
- それこそが未来が思いどおりにならない理由。では、どうしたらいい？
- 今の現実にあらがうのではなく、前もって現実を構築しておくこと。

こんなことを言っても、初めは、奇妙にしか聞こえないでしょう。というのも、あなたは初めてなじみのない、不思議な現実の様相を聞かされたからです。同じ「現実」なのに、あなたが慣れ親しんでいる現実とは、なんだか違っていて理解しがたいものですよね。さあ、今から言うことをよく聞いて。質問はそれからです。

なぜ、映画の保管庫が存在するのか、また誰が映画を撮って、永遠に保管しているのかといったことは、よだれたらしの太っちょ赤ちゃんであるあなたには理解できません。映画のコマを動かすのを許されているということ自体、大いなる創造主に感謝すべきことなのです。しかし、あなたはその自分の力を伸ばすことを悲しいくらいにサボッています。すでに持っている能力すら使っていないということです。

「映画のコマを進める」とはどういうことなのか、思い出させてあげましょう。もうわかりましたね。過去は変えられません。現在のことも忘れてください。それらはすでに起きてしまったことであり、どうにもできないことです。一方で、あなたには**未来を構築するチャンス、映画を選ぶチャンス**があり、次のコマはその選んだ映画に合わせてやってくるのです。でも、どうやって？

あなたには2つのコントロール機能があります。それは**意識と意図**です。意識の向け方についてはもうわかっていますね。意識はあなたの気づきの状態に関わっているのに対して、意図はあなたの行動に関わっています。何かを始めるときには、最初に頭の中でそれをすると思わなくてはなりません。つまり、あなたが何かをしているとき、あなたの意図は行動によって実現されるということになります。

しかし、あなたの行動はすべて現在のコマに付属していて、そのコマの中で行われています。それはあなたの意図が、現在のコマに囚われているからです。あなたの意識が一つのスクリーンに釘付けになるのと同じようなものです。そして、意識が向く先に内部と外部の2つのスクリーンがあるように、意図にも2つのセンターがあります。それは内部センターと外部センターです。

内部センターは、頭蓋骨の前頭部に位置していて、あなたの基本的な機能のすべてを担当しています。内部センターが司るのは、あなたのちっぽけな意図です。あなたが集中するとき、額にしわが寄ります。あなたが何かをしようとするとき、筋肉が緊張します。現在の映画のコマの中で、筋肉にできることといえば、その原始的な動きだけです。

外部センターは未来のコマの流れにとても大事なものなのですが、これをあなたはまったく使っていません。あなたは自分の外部センターがどこにあるかを瞬時に特定することができます。今ここでやってみましょう。

あなたたちの一人ひとりに**「意図の三つ編み」**と呼ばれるものがあります。それはエネルギーが三つ編みになったもので、髪の毛のおさげに似ています。それを見ることはできませんが、感じることはできます。それはまるで以前はあった手足が今はなくても、あるように感じる幻肢感覚のようです。真っ直ぐ垂れ下がるのではなく、背骨から突き出るように斜めになっています。本当に奇妙な三つ編みですね。

意図の外部センターが、その三つ編みの先端にあります。肩甲骨の間にあり、背中から少し離れています。どこにあるかは直感的にわかります。背中から正確にどれくらい離れているかは重要ではありません。あなたの意識をそこに集中させるだけで十分です。それだけで、どこにあるかを感じるでしょう。もしまだそれを感じることができないのであれば、レッスン37の「三つ編みとエネルギーの流れ」を参照してください。

外部センターの使い方は非常にシンプルです。意識を三つ編みの先に持っていき、人生に引き寄せたい出来事をイメージします。そのことによって未来のコマが照らされ、現実において実現するのです。

私の愛しい人、「そんなことが本当にできるの？」とあなたは疑問に思うかもしれません。でも、実はそれはとても簡単なことなのです。あなたは三つ編みの存在やその使い方を知らないだけなのです。

あなたは今のコマで行きづまっているだけなのです。あなたは目で見えるものを見るのに慣れていますが、目はここにあるものしか、とらえていません。そして、目で見えるものに対してだけ、何かできることがあると感じているのです。では、あなたの目はどこに注がれていますか？　外部スクリーンですよね。

そして、うまくいっていないときには、自分の感情や思考という内部スクリーンに没入しています。何について考えて、感じていますか？　これもすべて、目に見えること、もしくは起こっている出来事についてですよね。つまり、あなたは意識を向ける先をコントロールできていないし、あなたの意図は自分の台本ではない別の台本に従属しているということです。

自分自身の台本について考えることはできます。ただそれだけでは、台本に書かれていることを現実にすることはできません。自分の未来についても、こうなってほしいという夢を見ることがあるでしょう。しかし、**未来の映画のコマは、意図の外部センターからしか映写することができない**のです。それなのに、あなたは自分のちっぽけな内部センターだけを使い続けているのです。現在映っているコマは、幻影であり、罠です。それがこの世界の仕組みなのです。

わかった、わかった、私の愛しい人、どうか泣かないで。三つ編みをブンブンと振り回さないで。私がその罠を抜け出す方法を教えます。三つ編みの使い方もね。大丈夫、できるようになりますよ。きっと楽しいですよ！

LESSON

7

三つ編みの使い方

ほら、ほら、私の泣き虫ちゃん、次のレッスンが始まりますよ。ですが、その前におさらいです。

- 意図には2つのセンターがあり、それは内部センターと外部センターである。
- 内部センターは額のところにあり、外部センターは三つ編みの先端にある。
- 内的意図は、現在の映画のコマにおける日々の行動を担っている。
- 外的意図は、これから来るコマを動かすこと、つまり現実を構築することができる。

はい、はい、あなたは現実を構築する方法をどうしても知りたいんですよね。わかっていますよ！

それでは、あなたには叶えたい夢があるとしましょう。あなたの世界のことわざに「夢見るだけなら、害にはならない」というものがあります。それは夢を見ても無駄だということも意味しています。このバカげたことわざは本当なのでしょうか？　そして、よだれたらしの赤ちゃんたちには、何も希望がないということを言っているのでしょうか？

夢が叶わない理由については、次のレッスンで説明します。とりあえず今はテクニックについて話をしますね。まずは実際にやってみて、その後で理解してもらう。それが一番の学習方法です。しっかり理解してくださいね。

1　眠りから覚め、「気づきの中心点」に入る。そしていつものように、こう言ってください。「自分を見て、現実を見る」。

2　三つ編みを起動させる。感じてください。はい、そこにありますよね。三つ編みに意識を向けたら、それをすぐさま背中から斜めに上げ、起動させます。

3　三つ編みから意識をそらさずに、未来の姿をイメージする。思考で、言葉で、視覚化で、できるだけ、あなたの現実を作っていってください。

三つ編みが起動すると、目がいつもとは違う状態に変化したことに自分でも気づくかもしれません。三つ編みが持ち上がると、目はどうなりましたか？　少し大きくなって、輝きが増していませんか？　こんなこと、今までなかったですよね。以前はただ外側に映写された映画を見て、それに身を委ねていたことでしょう。今は、あなたは自力で映画を流すことができるのです。

もう一度方法を伝えますよ。目を覚まして、三つ編みに意識を集中させ、三つ編みを感じたまま、望みが叶っている様子をスクリーンに描くように想像するのです。それが未来のコマを照らして物理的に現実化する方法です。後ほど、一つの動きだけで瞬時にこれを行う方法を学びます。

三つ編みは映画の映写機のような働きをします。「こうしたい」という望みや「もしこうであれば」という憧れを、あなたは内部スクリーンに好きなだけ思い描くことができますが、それはあまり効果的ではありません。はっきり言って無駄です。

しかし**意図の外部センターからあなたの思考、言葉、およびイメージが出されるとその瞬間に、映写機はフルパワーで回り始めます。**だから、もしあなたが自分の思考の中であがくだけではなく、現実に影響を与えたいのであれば、三つ編みを使ってください。

三つ編みの先端にずっと意識を留めておかなくても大丈夫です。幻肢のように、それを感じるだけで十分です。いつでも好きなときに起動させることができます。具体的な感覚は人それぞれです。肉体的な目は関係ありません。目を閉じていてもいいですし、たとえ目がまったく見えなくてもかまいません。重要なのは、思考、言葉、イメージが三つ編みと連動していることです。

だから、私の子うさぎちゃん、私のかわいいお魚さん、あなたはこの世界の支配者になるまでもう一歩のところにいます。私は、あなたへの畏敬の念で気絶してしまいそうです。それともその前に身をかがめておじぎをしたほうがいいのかしら。さあ、その能力で私を驚かせてください！　それにはなんといっても、まずは自分自身で驚くことです。そのために映画のコマの流れを操るのに必要な実用的スキルを身につけていきましょう。

まずは基本的なこと、つまり身近な願望を満たすことから始めてみましょう。たとえば、今日という映画で、ある出来事が起こることになっていて、それが成功するか失敗するかのどちらかの結果になっているとします。手始めに、一つのコマに入りきる簡単なことを選んでください。たとえば、買い物をすること、駐車場を見つけることなど、職場や学校の日々の用事が考えられます。屋外でも、自宅でも大丈夫です。

あなたには、スムーズに流れている映画にコマを差し込む力があります。何をすべきか、あなたはすでにわかっていますよね。目を覚まして、三つ編みを持ち上げ、その感覚を保ちながら、あなたの願望が叶うことをイメージします。それから三つ編みの感覚を手放して、ふだんどおりの行動を続けるのです。確実なものにするために、何度か、そのコマに光を当ててもかまいません。

次に起こることを自分自身の目で確かめてください。びっくりしすぎて、おもらしなんかしないでくださいよ。**そんなこと不可能だと思っていたことが起こった**とき、あなたは複雑な気分になることでしょう。外部の現実が、実は自分の意思に委ねられていたということが信じられないでしょう。今まではその反対に、あなたが外の現実に従っていましたものね。

あなたの実験が成功するかどうかの確率は、えーっと……。ここ大事ですよ。それは**起こっていることへの現実感覚**にかかっているということです。それが現実となるかどうかは、日々の行動と習慣にかかっています。何度も起これば、それは現実ですし、一度も起きたことのないことは、現実だとは思えませんよね。

つまり、あなたの世界観に合ったことしか起こりえないのです。たとえば、車輪が

2つだけの自転車に乗れることを知らなければ、自転車に乗ろうとはしないでしょう。映画のコマの動きもまったく同じです。**そのやり方が非現実的だと思っているうちは、コントロールできません。**では、それを現実的なものにするためにはどうすればいいのか？　それはもうすぐわかりますよ、私の愛しい人。

LESSON

8

「自分で行動している」という幻想

私の愛しい人、何度も何度も繰り返し伝えますよ。あなたが大変そうに学んでいる姿を、私は楽しんでいます。それでは、あなたがすべきことのおさらいです。


◉目を覚まして、三つ編みを起動させ、その感覚を保ちながら、現実を構築する。

◉それがうまくいくかどうかは、起こることをあなたが受け入れるか、否定するかにかかっている。

◉あなたの世界観にフィットしたことのみ、起こりえる。

あなたはまだまだ原始的な存在です。あなたが世界や自分について思っていることに合致していない出来事は起こりません。寝ているときの夢の中では、あらゆる種類の驚くべき出来事が起こります。しかし、それは単純にあなたの批判的基準が弱まっているからです。起きているときは、その逆です。すべてがっちりと型にはまっています。なので、映画のコマを動かす能力が発揮できるかどうかは、その可能性を心から信じているのかどうかにかかっています。

ちょっとした「奇跡」を起こすのは、簡単です。日々の経験と調和するものなら、何でも起こせるでしょう。でもそれは、今までの経験で制限がかかります。より複雑なコマの動きを望むなら、新しく経験を取り込むことが必要なのです。何度も同じことを言いますよ！　あなたが理解するまで、何度も、です！　それでもあなたが理解できないのなら……。もういいです！　愚か者は、もうほうっておきます！

わかった、わかった、泣かないで、私の泣き虫ちゃん、よく聞いて。以前私はこう言いました。**あなたは自分が選んでいない映画のストーリーに沿って、台本どおり進んでいる**、と。おおまかに言うと、その映画というのがあなたの人生で、その台本があなたの運命なのです。あなたは自分の運命を選択していませんし、変えようともしていません。それが可能であるにもかかわらず、です。

「確かに運命は事前に決まっているけど、まだ自分たちでなんとかできる」と自分を慰めているなら、無駄なことです。実際はそれよりももっとひどいのです。あなたは過酷な台本に導かれている存在なのです。自分の裁量で行動していると思っていますが、それはもっともらしく見えているだけで、幻想にすぎないのです。**目に見えるものだけではなく、あなたがしていると思っていることもすべてが幻想です。**そして常に幻想の中にいるあなたには、やっていること自体も幻想だと見抜くことができません。

以前に夢の中のマネキンについて話したのを覚えていますか？　マネキンは、すでに撮影された映画の登場人物のように、あなたの夢の中に住んでいます。あなたが夢を見ると、マネキンは動きます。あなたが映画を見ると、その人物たちに命が吹き込まれるのです。その映画や夢が終わるやいなや、すべての登場人物の動きは止まります。次に見られるまでは。または永遠に……。

映画やコンピューターゲームの中の登場人物は自分たちが映画の中にいて、あなたに観られているのだと気づいていると思いますか？　いいえ、気づいていません。夢の中のマネキンたちは、夢の中で自分たちが観られているということに気づいているでしょうか？　この答えも同じく「いいえ」です。それでは、今度はあ、な、た、に尋ねますよ。

「あなたは自分が何者か知っていますか？」

映画の中の登場人物にその質問をするのは不可能です。夢の中のマネキンに聞くことはできますが、それも意味がないでしょう。この質問の意味をほんの少しは理解できるという意味で、あなたは映画の中の人物やマネキンとは少し異なる存在です。そして、自分というものに気づくことができるという意味で、他の登場人物と異なっています。でも、いつ、その自己認識を得ることができるのでしょうか？　それは、自分が何者かを問うたときだけです。それ以外のときは、あなたはどこにいますか？あなたは誰なのでしょうか？

あなたは「あなたに起こっている人生」という映画の中の登場人物です。あなたは「自分の人生」を生きてはいません。**「人生の出来事があなたに起こっている」**だけなのです。

夢のマネキンでも、映画の中の登場人物でも、自分たちの行動が幻覚であると認識することはできません。より厳密に言えば、**「自分の行動によって、結果が変わるというのは幻想」**だとはとても理解できないのです。だって、あなたは自分で行動をコントロールしていると思っているのでしょう?

もちろん、あなたはお利口さんだから、コントロールできるんでしょうね。ただ、あなたはわかっていないのです。**「自分がどこにいて、自分は何者なのか」**という問いに取り組まないかぎり、夢や映画の中の登場人物と同じように、あなたにも客観的理解が欠けています。あなたの意識は継続的にどちらか一つのスクリーンに注がれています。そしてあなたの意図は、今のコマに向けられています。なので、あなたの動機や行動は、実際にはあなたのものではありません。わかりますか?

つまり、次のようなことが起こっているのです。あるとき、あなたは何かを欲するようになり、それを手にしようと奮闘します。そういった動機や行動はあなた自身のものだと思っていますが、実際にそれらは台本に書かれたものなのです。自分で何かアイデアを思いついていると感じているかもしれませんが、実際にはあなたの役回りにとっての展開にすぎないのです。自分のしていることに気づかずに、それが幻だと見破れないほど、あなたは今の現実に囚われてしまっているのです。

永遠の保管庫に保存されている映画には、自分のマネキンがいます。夢の中で映画の一つを見ると、意識があなたのマネキンを見つけます。するとそのマネキンに命が宿り、動き出します。夢を見ているかぎり、あなたは複数の異なるバリエーションの一つとして、夢のマネキンの体の中で生きます。夢の中で鏡を見るということを、なんとかしてやってごらんなさい。あなたは自分自身を認識できないはずです。

人生という映画の中でも、それはまったく同じです。意識は次のバージョンのマネキンに入ります。マネキンは命を得て、現在のコマでのあなたになります。しかし、ここで疑問が生じます。もし起きている生活においても、夢の世界にいるように生きているなら、夢の中のマネキンとあなたとはどう違うのでしょうか？　実は違いなどないのです。

そして、あののろまなカタツムリと比べて、あなたのほうが全体的にマシだとでも言うのでしょうか？　あの気持ちの悪い、ヌメヌメしたカタツムリは、外部からのあらゆる刺激に対して原始的に反応します。角を引っ込め、自分の小さな殻に隠れます……。あなたも、すでに決まっている運命に、そんなふうに対応しているのです。

愛しいあなた、まだ少ししか学んではいないものの、現在のあなたの世界観とはまったく合わないので、なかなか理解できないことでしょう。しかしこれがわからないと、あなたはいつまでも運命に縛りつけられてしまいます。よく理解し、幻想を捨てさえすれば、最終的には現実という映画の中を生き生きと歩き回れるようになります。そして保管庫から新しい映画を選ぶように、新しい現実を選ぶことができるのです。

LESSON 9

罠から逃れる方法

「よく遊び、よく学べ」ですよ。その逆ではありません。私のかわいい道化師さん。私は楽しみながら、あなたが苦労して学んでいる姿を見ていますよ。さあ、しっかり理解して。

- 「目に見える幻想」があり、「主体的に行動していると思う幻想」もある。
- その行動はあなたが「している」のではなく、ただ「起こっている」だけである。
- あなたが自分の人生を生きているのではなく、人生の出来事が勝手に目の前で展開している。

◉あなたは過酷な台本に従っているだけである。
◉白昼夢を見る自由はあるが、運命に縛られている。

さあ、あなたに対して、他にどんな侮辱的な表現を使えばわかってくれますか？　前回のレッスンで習った重要なことをもう一度、伝えますよ。あなたは自分で自分をコントロールし、意識的に行動していると思っているかもしれません。あなたは自分で自分を**「あなたは誰ですか？」と聞かれたその一瞬だけ、自分を認識**しているのです。実際には、それ以外のときには、「自己認識」という気づきは眠っていて、外部の台本にすべてを委ねているのです。

たった一瞬、自己認識の能力を発揮したとしても、その台本から自由に解き放たれることはありません。あなたは映画の中の登場人物であり、現実は幻であり、罠なのです。あなたがいくら自分について考えようとも、あなたは罠に捕らえられています。

逃れられないのは、なぜでしょうか？　それは主に次の3つの理由があります。

1　自分が登場人物の一人であることを知らない。

2　反射的な精神性（カタツムリの角）のせい。

3　「可能か不可能か」という思考の枠にどっぷりはまっている。

かわいいカエルさん、もっと生き生きと楽しむのです！　すべてのまちがいが直せますよ。罠を逃れるために、最初に必要なものがわかりましたね？　それはとても重要なことです。幻だと気づかないかぎりは、永遠にその中に留まるのです。自分の裁量で行動していると思っていること自体が幻想であると伝えてくれる人など、今まで誰一人いませんでした。そして、あなたはそんな幻想が存在することも知りませんでした。なぜならば、そういうことはあなたの考え方では「ありえないこと」だからです。

もうわかりましたね。でも、これだけでは不十分です。たとえばあなたがカタツムリだとして、幻想について学んだとします。それでカタツムリでいるのをやめられますか？　「ああ、もういやだ、カタツムリでなんていたくない！」と叫んだとしても、何が変わるのでしょう？

何も変わりません。映画の中でずっと目を覚ましていて、台本に従わずに思いどおりに生きるなんてことはできません。もうちょっと違ったアプローチが必要です。克服すべき障害はまだ2つあります。それは、**「習慣」**と**「物の見方」**です。実際、あなたがこの2つをコントロールしているのではなく、この2つがあなたをコントロールしているのです。でも、大丈夫ですよ。あなたを昏睡状態から目覚めさせましょう。

「現実を構築するのではなく、何かが起こるのを待ったり、何かを期待したりする」という習慣ゆえに、あなたはカタツムリになっているのです。できるのか、できないのか。うまくいくのか、いかないのか。これは受け身の態度です。こんな態度では、あなたができることといえば、現実をちょっと突っついては、すぐに角を引っ込めることだけです。

弱音を吐いたり、めそめそしたりするのをやめて、美しく幸せになるためには、能動的な態度にシフトすることが必要です。**待ったり、期待したりするのではなく、自分の現実を構築するのです。**現実を構築するのは不可能だというあなたの思い込みは、本当にジャマものです。その小さな殻から、あなたを引きずり出してあげましょうか。たとえどんなに不快でヌメヌメしていたとしても！

新しい習慣や物の見方は、根づいた古い習慣と同じように、幾度となく繰り返されることで作られていきます。これからは現実を見つめて従うのではなく、映画のコマの動きを積極的にコントロールしていくのです。コントロールすべきなのはどのコマだと思いますか？

そうです、それは、この瞬間にあなたがいるコマではなく、これから来るコマです。もうわかっていると思いますが、現在はすでに起こったことなので、現在のコマに映っているものを変えることはできません。これからやってくる未来の現実だけを形にすることができるのです。そのため、いくつか先にあるコマに自分の意識を向けましょう。

意識を向ける先を気にかけたのと同じように、**これから来るコマ**を気にかける必要があります。そのための**3つのトリガー（きっかけ）**があります。

期待――何かを待っていたり、何かをあてにしたりしているとき。
意図――どこかに行こうとしたり、何かをしようとしたりしているとき。
問題――解決すべき何かが起こったとき。

何かを期待するときは、待ったり、あてにしたりはしないでください。現実を構築してください。何かをしようとするときは、急いで取りかからないでください。最初に現実を構築してください。問題が発生したときも同じです。待たず、あてにせず、騒がず、現実を構築するのです。

コマ照射メソッド（未来のコマに光を当てる方法）
1　3つのトリガーのうち、どれかが起こっていることに気づく。
2　目覚める。自分を見て、現実を見る。
3　三つ編みを持ち上げ、その感覚を保ちつつ、現実を構築する。

4　三つ編みの感覚を手放す。

5　その出来事があなたにとって、大切なものであれば、何度もそれを繰り返す。

　これから現れるコマのことだけを考え続けるようにしてください。毎回はうまくいかないかもしれないし、最初は忘れてしまうことでしょう。古い習慣は簡単には直せないかもしれませんが、それをきちんと改めて、新しい習慣に置き換える必要があります。怠けないで。お利口さんなら、ちゃんとできますよね。そうでないと、追い出しますよ。役立たずとしてね。私以外、あなたを愛する人なんていないんですから！

LESSON

10

再プログラミング

まあ、そんなにカッカしないで、落ち着いて、私の愛しい人。集中して学びましょう。それではこれまでに習ったことのおさらいです。

- ◉カタツムリの角と殻のせいで、あなたは現在のコマに囚われている。
- ◉その罠から解放されるために、能動的態度にシフトしなければならない。
- ◉待つことも、期待することもしてはいけない。ただ現実を構築する。
- ◉その必要条件として、未来のコマをコントロールすることを常に練習する。
- ◉期待、意図、問題——それを感じたときには、すぐに三つ編みを持ち上げて、コマに光を当てる。

どうなるのか結果がわからない出来事だけでなく、今から起こりそうな出来事も構築する必要があります。たとえば、あなたは今、外へ出るために、ドアを通ろうとしているとします。これは今から起こることですよね。それでも、そのコマを照らすのです。ドアを開けてドアを通り抜ける自分を**考えてみたり、言葉で表したり**してみてください。もっといいのは**視覚化する**ことです。

怠けないで。ダメですよ。カタツムリの殻に隠れていたら、誰にも見られないとでも思っているのですか？　殻の中から引きずり出しますよ。なぜ繰り返し練習する必要があるのでしょうか？　それはカタツムリの思い込みを書き直すためです。現実があなたに屈するのを、何度も自分の目で見るまではあなたは信じないでしょう？

ちょっとした出来事でコマの流れをコントロールすることが、最も効果的なトレーニング方法です。それにより、次のことが身につきます。

——目を覚まして、意識を向ける先をコントロールする。

――三つ編みの操作法、視覚化スキル、意図を発達させる。
――能動的態度にシフトして、最終的には支配的な台本から逃れ、自分自身の現実を構築する。

能動的態度に変えた後はどうなりますか？　あなたは、あなたの周りで、外部の台本の言いなりにならない唯一の登場人物になります。もし、その反対に自分を失って、映画に取り込まれてしまうと、そのとたんに映画の一部となり、映画に依存している存在、つまりマネキンになるのです。

しかし、再び現在のコマから意識をそらしてこれから来るコマを照らすと、その瞬間、あなたはその映画の中で命が宿り、自分の裁量で自由に動き始めます。あなたは今も同じマネキンを使っていますが、能力はまったく別物です。想像してみてください。ショーウィンドーから出てきて、自分の好きなことをしようとするマネキンを。あなたはそんなマネキンになるのです。

以前と同じようにあなたは映画の中にいますが、**映画の流れからは解放されて、**あなた独自のコマで自由に映画の中を移動できるようになります。つまり、あなたのコマは独自の周波数を持ち、現在のコマの周波数と違うので、**支配的な今の台本の制約から逃れられる**のです。

映画やテレビで、プロペラが回転するのを見たことがありますか？　それはだんだん減速したり、反対方向に回り出したりします。というのは、その回転の周波数が、その撮影されたシーンの周波数とはまったく異なるからです。同様に、意識を向ける先を変え、三つ編みを使うことで、現在とはまったく違う周波数に自分の身を置くことになります。そうやって、自由に映画の中を動き回ることができるのです。

未来をしっかり手中に収め、そこに影響を与えようとするとき、まだ現れていない未来は、現在の流れからあなたを引き離します。これから来る現実は、永遠の保管庫の中にあるものの、常に多くのバリエーションを持ち、まだ最終的には固まっておらず、誰かに構築されたりもしていません。つまり、**まだ誰のものでもない**ということです。誰か、そのバリアント（いろいろある未来の一つ）を構築する人が現れた場合、未来はその人の指示に従います。そしてその人物があなたであるなら、未来はあなたのものになるのです。

あなたは現実を自分のものにしたいと思いますか？　それなら、自分でつかみとり、望むように構築してください。これはあなたの反応、行動、存在に対する根本的に新しいアプローチです。何が違うのかといえば、意識を現在のコマに留めることなく、先に注ぐことです。ただ見ているだけでなく、先に進みます。受け身で待つ代わりに、能動的に行動するのです。あなたはまるでヒモにつながれたように現実に従うのではなく、自分で指示し、操作するのです。

しかし現実をあなたのものにするには、ろくでなしさん、あなた自身の**再プログラミング**が必要です。私があなたの代わりにそれをすることはできません。再プログラミングは、すぐには完璧にいかないでしょうし、まずはふだんの経験に合った現実しか作れません。自分に現実を構築する能力があると本当に信じるまでは、願いは叶うことなく、あなたの手からこぼれ落ちていくことでしょう。

思い込みを正す唯一の方法は、**思考フォーム**（思考の形）を作る方法と同じです。

日頃から、練習をするのです。**これからやってくるコマを照らし、意識を向ける先を気にかけ、現実を構築するのです。**私の言うとおりにすれば、現実はあなたの思うとおりになりますよ。

習慣になるまで定期的に何度も繰り返すのが一番です。そうでないと身につけられません。それでもあなたがやり方を覚えられないというのなら、私はあなたの殻をむしり取って、さらに気持ちの悪い生き物、つまりナメクジに変えてあげましょう。私はタフティ、あなたの主《あるじ》です。私はやりたい放題ができるのですから。

LESSON

11

変容

さあ、さあ、まだまだ未熟なそこのあなた！　そう、あなたです！　殻の中に隠れていないで、こっちに集まって来なさい。では、前回のレッスンのおさらいです。


◉目を覚まして、光を当てるというやり方で、あなたは台本から解放される。

◉あなたはショーウィンドーから出てきて、自ら動くマネキンとなる。

◉あなたはまだ映画の中にいるが、コマの連続性からは抜け出している。

◉その映画から離れて、あなた自身の映画を生きることができる。

◉簡単な出来事でコマの流れをコントロールすることがトレーニングであり、再プログラミングにつながる。

そして、これはあなたの変容でもあるのです。あなたはカタツムリからホタルへと徐々に姿を変えていきます。コマに光を当てると、あなたは内なる光を放つことになり、望みの出来事が、光に向かって飛んでくる蛾のように、あなたのところにやってきます。

未来を見ている光り輝く生き物。創造主はあなたのことをそうとらえていました。「自分の裁量で行動している」という幻想に囚われる前は、確かにあなたはそうだったのです。

多くのものが失われましたが、また取り戻せるものもあります。あなたはホタルになりたいですか？　それなら、ワクワクした気持ちで、**これからやってくるコマに意識を向け、自分自身にも意識を向け、現実を構築するのです。**あなたの周りにいる人たちはまだカタツムリのままなので、好奇心から角を伸ばしてあなたに近づいてくることでしょう。

最初からすべてがうまくいくわけではありません。現実を構築する能力があるとわかったかもしれませんが、意識の奥底ではまだ疑念を抱いていることでしょう。つまり、再プログラミングがまだ完了していないということなのです。だからこそ、トレーニングが必要なのです。能動的態度にシフトするために、そして足元ではなく前を見ることに慣れるために、です。トレーニングでヘトヘトになるためではありませんよ（とはいえ、私はそうさせたくて、イライラしていますが……）。なかなか信じられないかもしれませんが、本当に**輝くような現実を構築できる**ことをあなたに知ってもらいたいのです。

一つだけ気をつけてください。あなたがいくらがんばり屋であったとしても、コマを上手に照らすのに必要なのは、実は**がんばりではなく、集中力**です。2、3分なら集中できますか。1分だけならどうでしょう？　あなたに必要なのはそれだけです。コマ照射メソッドをするときは、穏やかな心で、リラックスしてやってみてください。緊張してやってはいけませんよ。緊張するとうまくいきません。

それはなぜでしょう？　それは力を入れることで、内的意図のセンターを活性化させてしまうからです。すでに学んできたように、現実は外部センターから導かれます。

最善を尽くそうと思うとき、あなたはふだん、どんなことをしますか？　すでにある現実と闘おうとするでしょう。では、これからやってくる現実に対しては、何をするでしょう？　まったく同じことをしますよね。それがあなたの習慣なのです。あなたは自分の好きなようにすべての物事を変えようとしています。

しかし、その自己流のやり方では、すでに起こったことはもちろん、まだ起こっていないものでさえ、「変える」ことはできないのです。すでに撮影された映画の内容を変える方法などあるでしょうか？　ないですよね。あなたにできることは、未来を**「選ぶ」**ことだけです。それはまるで保管庫の中の映画のリールを選ぶようなものです。その違いがあなたにはわかりますか？　まずは力を抜いて、リラックスしてください。

コマを照らしている最中に筋肉が緊張すると、内なるちっぽけな意図が活性化するということを覚えておいてください。外部センター、つまり**三つ編みだけを使う**のです。三つ編みは、力を入れて振り回すものではありませんよ。

三つ編みは努力をしなくても、簡単に起動させることができます。三つ編みを思い出し、感じて、静かに集中するだけで十分です。次に、三つ編みの感覚を失わずに、コマの構築に集中します。無理をせずに、望む映像を気軽に視覚化するのです。筋肉を緊張させないようにしてください。この作業に筋肉は関係ないし、必要もありません。静かに三つ編みと映し出すコマに集中します。それが大事です。

やるべきことは**無理やり現実を従わせることではなく、現実のほうからあなたのところへやってくるのを許す**ことです。強制してはいけません。現実をガシッとつかもうとするのではなく、外部センター（三つ編み）で、これから来る現実を照らすのです。あなたは映像のプロジェクターであり、観客でもあります。後ろからコマを映し出し、まるで自分は何もしていないかのように、正面で映画を鑑賞します。

外部センターを知覚する必要があります。外部センターはあなたのものであり、同時にあなたのものではありません。あなたはその三つ編みに圧力をかけてはいけません。起動させて、前からではなく後ろから、思考の流れを発信するだけなのです。今までのように頑固で愚かな額からではなく、三つ編みから送るのです。わかりますか？　**あなたは単にそのコマを照らしているだけなのです。コマ自体が勝手に具現化します。**そこのところは、あなたは何もしなくていいんですよ。本当に何も、です。

「何もしなくていい」ということが、どうしてそんなに重要なのでしょうか。私の愛しい人、何度も繰り返しますよ。内部センターではなく、外部センターが機能するようにするためです。そこでは、まったく違うメカニズムが働いています。外部センターは、「ハイヤーセルフ（高次の自分）」と呼ばれるものに近いのです。外部センターがあなたに指示を出します。

三つ編みの先端は引っかけられるようになっていて、三つ編みを使ってあなたはあやつり人形のように操作されます。自己認識を持たないときは、台本や、あなたの意識を操る人形遣いに導かれます。自己認識を取り戻すとすぐに、三つ編みを自由に使えるようになり、**自分で自分を動かす**ことができるのです。

ふだんの意識状態では、自分で動いていません。手と足で、自分の目の前にあるものすべてを突っついているだけなのです。後ろから首根っこをつかまれていることも知らずに……。こうやって、「自分は行動している」という幻想が生まれているのです。

これからはあなた自身が三つ編みを手にして、努力なしに、そして「まるで何もしていないかのように」現実を動かし始めていきます。そうすると何が起こるでしょうか？　行動の幻想がひっくり返ります。動かされているのではなく、自分自身を動かすことができるのです。あなたが現実に対して何かをするのではなく、**現実が勝手にやってくれる**のです。これこそが、仕組みなのですよ、私のかわいいお気に入りさん。これで、今までの幻想が砕け散りましたね。

LESSON 12

メタパワー

私の愛しい人、輝く準備はできていますか？　それともヌメヌメした姿のままでいるの？　早く！　早く！　変身するのです！

- もともと、あなたは未来を見ながら、光り輝く生き物であった。
- コマを上手に照らすのに必要なものは、がんばりではなく集中力である。
- 筋肉が緊張すると、内的意図のセンターが作動する。
- 心穏やかに、リラックスした状態で、コマ照射メソッドを使う。
- 現実を強制して起こすのではなく、起きるにまかせる。

あなたが課したことを、現実が実行するのを許すのです。コマに光を当てるだけで、勝手に現実化されることを忘れないで。あなたがすることは、ほとんどありません。現実を構築し、第三者のように側で立っているだけでいいのです。現実化のプロセスをジャマしないで。

努力をすれば未来が開けるとあなたは思っていますが、それとこれとはまったく別のやり方です。肉体的な強さも、意思の力も、現在のコマの中でしか機能しません。もう形になってしまった現実に、どうか好きなだけ、あなたの馬鹿力を使ってください。でも、それはこれから来る現実には通用しませんよ。別のやり方が必要なのです。

私の熱狂的信者のあなた、そのことを今から説明するので、理解してください。実は「裏側の力」というものがあるのです。それが**メタパワー**です。それはある意味、普通の力とは真逆のものです。弱さや無気力という意味の真逆ではなく、現実の反対側から作用する力という意味での真逆です。

わかりやすいように、鏡を見てみましょう。自分が立っている側では、すべては物質であり、触ることができます。一方、鏡面に映っているものは、すべてが実体のないものですが、同じように現実です。物体があれば、鏡面にはそれが映されます。その物体というのは現実のものですか？　物体が現実というなら、鏡に映されたものも現実です。私がこうやって説明しているのは、あなたに**「触れることができるものだけが実在するのではない」**ということを理解してもらうためです。

現実という鏡は普通の鏡のようですが、その仕組みは逆で、像と映っている姿が入れ替わっています。映されたものには手を触れることができますが、もともとの本体には触れられません。映っているものは鏡のこちら側にあり、本体は向こう側にあります。こちら側は物理的な現実であり、反対側は夢の空間、つまり映画の保管庫なのです。

もうわかっていると思いますが、物理的な現実というのは、映画のコマのようなものです。映画のリールがまず存在し、映し出されるものは二次的なものです。物理的な現実というのは、主体である映像が物質化したものであり、鏡に映ったものでもあります。映像本体は向こう側にあります。そして、映画の保管庫の中には、さまざまな未来のバリエーションが存在しています。

考えてみてください。もし未来が現実という鏡の向こう側にあるとしたら、鏡のこちら側でしか働きかけられない通常の力で、それに影響を与えることができるでしょうか？　できませんよね。そんな力は、ここでしか、つまり、鏡のこちら側でしか、発揮されないのですよ。思いっきりやってみてもいいでしょうが、絶対にうまくはいきません。できますか？　あなたなら、きっとできるんでしょうね！　やってみたらいかがですか？

無理！　もうダメだ！　となる前に、そして自分が望む未来を手に入れるために、通常のやり方ではなく、「鏡の法則」に従って、鏡の向こう側から働きかける必要があるのです。では、どうすれば、鏡の向こう側にたどり着くことができるのでしょうか？

まだ言ってはいませんでしたが、実際にはあなたはもうすでに何度もそこにいたことがあるのです。目を覚まして、台本から離れると、実質的には向こう側の世界に落ちているのです。それにはっきりと気づくことはできません。なぜかというと、現実の鏡の表面は、ツルッとした鏡面や目に見える仕切りではなく、主体とそれが映し出されたものを区切る、感知することができない境界線だからです。

どちら側もすべてのものが同じで、区別がつきません。ただ一方の世界では像は物質的で、もう一方の世界では非物質的です。鏡の正面には物質的なマネキンが存在し、その反対側には仮想のマネキンが存在しています。目を覚ますとあなたの意識は鏡という境界線をすり抜けて、仮想マネキンに移ります。

あなたの意識が動くのであって、体が動くのではありません。でもこれで十分なのです。というのも、あなたは、意識そのものなのですから。両方の体、つまり仮想の体と物質的な体は、鏡の両側で同時に動きます。あなたの意識がどこにあるかが問題なのです。もしその意識が、鏡のこちら側、つまり現実の世界に向けられているのであれば、あなたは完全に台本に飲み込まれているということです。そして、あなたの意識が鏡の反対側、つまり映像の世界に注がれているのであれば、自分自身も、これから来る現実も**自由に構築する**ことができるのです。

「主たる自分を構築する」とは、あなたが自己認識をし、動機や行動を自分でコントロールしているということです。現在のコマの中では、ふだんのように物理的な力で手や足を使って動きます。しかし、現実そのものを構築するには、**意識、意図、そしてメタパワー**を使ったまったく違う方法が必要なのです。

メタパワーというものを感じ始めると、メタパワーとは一体何なのかを徐々に理解していくでしょう。もしあなたが物理的な力を実際に使ったことがないのであれば、私がいくら説明しても物理的な力を説明できるわけはありません。それと同じように、メタパワーもあなた自身がそれを感じ、開発していく必要があるのです。三つ編みは、メタパワーを使うためのツールなのです。コマ照射メソッドは、メタパワーを発達させる練習であると同時に、望む現実を構築する方法でもあるのです。

次のレッスンでは、鏡の向こう側の世界のルールや規則を細かく教えましょう。今のところは、コマ照射メソッドを忘れずによく使っておいてください。

自分の現実を構築する方法を学びたいですよね？　えっ、学びたくない？　なぜ？　奴隷の反乱ですか？

もしそうだとしたら、ちょっとした犠牲が伴い、ふさわしいお供え物が必要となります。私を見なさい！　私はタフティ、あなたのシャーマン。私からの絶対的な支配に甘んじなさい。カタツムリや、カエルなどのような両生類のあなたの面倒をみないといけないことに、私も耐えているのですから！　いいですね！

LESSON

13

フリをする

私のかわいい歌い手さん、踊り子さん。あなたが今、合わせて歌い踊っている歌の調べの学びを深めましょう。

- 手に触れられるものだけが現実とはかぎらない。
- 現実は反転した鏡である。こちらが映し出されたもので、その向こう側に映像の世界がある。
- 物理的な現実というのは、鏡のこちら側にあり、映画の保管庫はその反対側に存在する。
- 物理的なパワーというのは、物理的な現実において力を発揮し、メタパワーは鏡の向こう側で働く。

●目を覚ますと、意識は鏡の世界の仮想マネキンに移る。

自分が気づかないうちに、鏡面を越えた世界に落ちているということに少しとまどっていますよね。もしかしたら少しどころではなく、とても困惑しているかもしれません。でもビクビクすることなどないのです。実は毎晩眠りに落ちるたびに、あなたは鏡の世界に落ちているのですから。

起きている世界でも、目覚めているとき、つまり意識が「気づきの中心点」にあるときは、あなた（あなたの本質）は、現実の反対側にいる仮想マネキンの体の中にいるのです。夢の世界に入り込んでいる間も、同じことが起こります。ただ少し違うのは、日中起きているときには、鏡の両側に同じ現実があるということです。現実には物質的なものと仮想的なものがありますが、どちらも同じ現実なのです。その一方、夢の中では、現実と鏡の世界というのは、一致していません。つまり、物質的な世界は、そのまま残り、あなたの意識ははるか向こうの世界を飛び回っているのです。

他の違いとしては、夜の夢の中では、あなたは台本の中にどっぷりと浸かった状態になります。昼間の起きている状態では、目覚めれば（「自分を見て、現実を見る」という状態になれば）、台本から自由になれます。

自己認識がないと、台本はあなたの三つ編みの先を引っかけて操作すると話したのを思い出してください。その三つ編みをあなたが自由に使えて、あなたが鏡の世界の仮想マネキンの中にいる場合、こちらの世界の物理的なマネキンを動かすのは誰でしょうか？

そうですね、それはあなた自身です。あなたは、自分も、そして今から起こる現実も自由に動かす力を手にします。なぜならば、鏡面を通り越して、**映像の世界と同じ側**にいるからです。その映像の世界からしか鏡に映ったものを動かせないのです。その逆ではありません。わかりますか？

厳密に言うと、物理的なマネキンと物質的な現実は、映し出されたものというよりもむしろ**映像の物質化**なのです。実現化した現実（すでに起こってしまった現実）

を、鏡のこちら側でなんとかしようとすることは可能です。しかし、これから起こる現実というのは、まだ映像のままなのです。その映像はあちらの世界からだけしか動かすことができません。つまり、その映像が存在する側、鏡の向こう側ということです。そのためには、鏡の向こう側の世界に移動する必要があります。

全体像を理解してくださいね。**現在のコマの中で、私たちはなんとかやっていき、あちら側で私たちは指示をするのです。**これでメタパワーという概念の本質がわかってきたことでしょう（目の前のおバカさんに、ちょっとでも私の言うことが理解できるといいんですが……）。

そんなに文句を言わないで。わかりましたよ。泣くのもおよしなさい。あなたはお利口さんですよ。それでは、聞きますよ。現実と鏡の世界の一番大きな違いというのは、何ですか？　それは、こちらはすべてが物質的なもので、あちらの世界はすべてがバーチャルだということです。通常の力で非物質的な物事や空間に関わることはできません。こちら側で働くのが物質的な力であり、向こう側で効力を発揮するのがメタパワーなのです。鏡のこちら側の世界では「行動」があり、鏡の向こう側の世界では、**「フリをする」**ということが有効なのです。これはどういう意味でしょうか？

「フリをする」ということに関して一番大事なポイントは、あなたは決まっていることには逆らえないということです。つまり、**台本に従って行動しなければならない**のです。どんな登場人物でも、その映画の中から飛び出したり、今の映画の中で好きなことをしたりはできません。その台本は個人の主観的意思から生み出されているのではありません。それがあることは客観的な事実で、そこにあなたは閉じ込められているのです。

つまり、まるで登場人物のように、そこに存在するように運命づけられているということです。同意できなくてもいいし、不満に思ってもいいですが、これはどうしようもありません。逆らおうとしても無駄です。映画で撮影されたものは、起こるのです。映画で決まっている行動を避けることはできませんが、ただフリをすることは可能です。現実を欺くことができるのです。

「気づきの中心点」に入って、鏡の向こう側にいるのを想像してみてください。あなたの周りのものはすべて、今までと変わりません。鏡の向こう側から、出来事を観察しているようには感じないはずです。しかし、あなたはまさに鏡面の反対側にいるのです。あなたには、今、現実を構築する能力、つまり映画を選択する能力が備わったのです。あなたがいる映画を変えようとするのではなく、映画に参加することを拒むのでもなく、違う映画、望む映画を選択するのです。わかりますか?

以前のように、あなたはあらかじめ台本で決められた役をこなし、日々の役割を果たしていくでしょう。しかし、その他の登場人物とあなたは違います。目覚めている状態でいれば、あなたは優れた能力を手にします。それは、現在の映画を取り替える能力です。それと同時に、そういったことは自分には関係ないという態度を取ってください。秩序は保たれたままです。あなたは見つけられることもなく、捕まることもなく、すべてがあなたの思いどおりになっていきます。

これが「眠ったフリをするゲーム」です。**あなたはまるで生きている登場人物であるかのように映画の中を歩き回りながら、目覚めていないフリをして、自分好みの映画にリールを変えていくのです。**誰も何も疑いません。台本も、他の登場人物も、です。

台本自体を避けることはできないのですが、現実を構築することで、新しい台本を設定することができるのです。新しい台本はまだあなたの望んだそのものではなく、あなたはまだ今の台本の影響下にあるでしょう。しかし、だんだん望む結果へと導かれていくのです。

あなたは他の登場人物から隠れるべきでしょうか？　そうです。いくら目立つのが好きだからといって、自分の能力をひけらかすのは控えるようにしてください。中世ではそのようなことをすると火あぶりにされましたが、現代ではどこかの病棟に閉じ込められてしまうかもしれません。なんだか頭がぼーっとしてきましたか？　そのまま眠りに落ちていかないように。自分の**プレゼンス（目覚めている状態）**をアピールしないようにするのです。あなたの巫女である私に従ってください。私はあなたを愛していいます。殺したいくらいにね。

LESSON 14

プレゼンスを得る

さあ、こっちに来て、狡猾なニセ者、腹黒い偽善者、人目をはばかる変人。あなたのことをなんて呼べばいいのかしら。こちらよ。フリをするゲームは楽しかったかしら？　それではこれまでの内容をおさらいしてみましょう。

- 物理的な現実には、この世界から、つまり物質化されたコマの中からアクセスできる。
- 未来には、向こう側、つまり映像のあるところからのみ、アクセスできる。
- 映画の登場人物のように、あなたはこの現実で存在することを運命づけられている。

- **台本を避けることはできないが、目を覚まして別の台本を始めることは可能である。**
- **映画を取り替えることはできる。でも、そのためには役を演じ続けて、自分のプレゼンスを隠す必要がある。**

映画の中における**「プレゼンス」**。これは何を意味しているのでしょう? おおよその意味は、**「気づいた状態でいること、つまりあなたの本質でいること」**です。つまり変わることのない映画の中で、「本質の自分」として、目覚めた、能力のある、理性的な個人として存在していることです。ふだん映画のリールは勢いよく回り、すべては運命づけられていて、登場人物の行動は決められています。

目覚めていない人の中に目覚めているあなたがいることで、みんなの注目が集まります。自己認識を持っているあなたは、周りで何が起きているかがわかっています。映画の中でのあなたの行動も、台本によって決められていますが、「プレゼンス」のおかげで、映画を次々と別のものに切り替えるチャンスが生まれるのです。

そんなプレゼンスを得るためには、あなたは目覚めて意識をしっかり持って、自分の立ち位置を決めなければなりません。映像側にいるのか、もしくは物質側にいるのか、ということです。言い換えれば、自分の意識がどこにあるのか、つまり「気づきの中心点」にあるのか、それとも内部か外部のスクリーン上にあるのかということです。要するに、**あなたは鏡のこちら側と向こう側の両方にいることができる二重の存在なのです。**

あなたがそこにいるとき、あなたはここにプレゼンスを持って存在します。これがパラドックスなのです。そうでないときは、あなたは存在しておらず、無自覚で無能な状態であり、完全に台本のなすがままになっているということです。

思い出してください。起きているときに目覚めていれば、あなたの意識は鏡面を越えて、仮想マネキンの中に入っていくと言いましたよね。ベッドで眠って夢を見るときも同じことが起こりますが、質が違います。睡眠中、あなたは夢という仮想現実を動かせるかもしれませんが、物理的な現実に影響を与えることはできません。厳密に言えば、可能なのですが、非常に難しいです。ここはカタツムリは気にしなくてもいいところです。

目覚めて存在している状態では、これから起こる現実を構築する能力を得ます。物質化できるということです（ずっとこの話をしていますが、それはあなたが自分自身の現実を構築することができるし、そうすべきだということをよく理解できるように、です）。知っておかなければならないことがあります。それは**「現実を構築するというのは、最終ゴールを決めるということ」**です。つまりこれからやってくる映画のコマを決定しているのです。物事の流れを決めているわけではありません。

現実を構築するということは、映画を選択することであり、台本をコントロールすることではないのです。台本はあなたの能力を超えています。あなたをゴールに導くために、台本が具体的にどのようなものであるべきか、あなたにはわかりませんし、知る必要もありません。あなたは映画の映写機として動いているのです。**映写機でゴールのコマが照らされると、自動的にそのとおりの展開になっていきます。**

映画を選ぶことで、新たな台本が動き出します。その台本は、あなたのものではなく、あなたの知らないところで記されたものです。ゴールのコマだけがあなたのものです。映画は指定されたコマに合うように自らを選択するのです。この仕組みを正確に理解する必要はありません。何度も何度も自分のコマを照らすことで、次々と映画を移動して、あなたは最終的に目的地にたどり着くのです。

永遠の保管庫では、映画のリールは横に並べて置いてあります。一番近くに置かれた映画の台本同士には細かいニュアンスの違いしかありません。現実を構築しながら、一つの映画から別の映画へと徐々に移動していきます。あなたはまず、目指したゴールに近い結果が得られる映画の中に入ります。そして、どんどんゴールに近づいていくのです。

これらのことはすべて目に見えない形で行われ、目的とするゴールの複雑さに応じて、その実現速度は異なります。簡単なゴールはすぐに達成できますが、「遠くまで行く」ことが必要な難度の高いゴールには、時間と辛抱強さが必要です。

これからやってくるコマに意識を向けるのがあなたの役目です。台本はあなたがなんとかできるものではありません。台本を設定しようとしたり、それに抵抗しようとしたりすると、その罠にはまってしまいます。一連の出来事に影響を与えようとすると、現在起こっていることに必死に固執しますが、これは意味のないことです。がんばればがんばるほど、三つ編みをどんどん強くつかまれてしまうことになります。

同様に、他人に影響を与えようとすることも無意味です。他人を操ろうとすることは、報われない、さもしい行為です。それは結局、自分がひどい目にあったり、望んでいたものとは逆の効果を生み出したりしてしまうこともあります。登場人物は、それぞれ自分の台本に従って行動しています。彼らに影響を与えようとすると、罠にはまることになります。だから、それだけはやめてください。そんなことをしなくても、いつか彼らは自らあなたに駆け寄ってきて、あなたの思いどおりに動いてくれます。詳しくは後ほど話します。

繰り返しますが、あなたが影響を与えなければならないのは、最終結果であり、これから来るコマであって、出来事の流れや他人ではありません。とはいっても、あなたはこれまでの習慣で、出来事や他人に影響を与えようとするでしょう。**あなたはま**

だすべてを自分の計画どおりに進めることに固執しています。でも、その習慣も私がやめさせてあげますからね。

本当にあなたはなんて退屈な頑固者なのでしょう！　解剖しちゃってもいいんですよ。害虫のように画用紙にホチキスで留めたり、ホルマリン入りの瓶に入れて他の生物への見せしめにしたりしてもいいのです。礼儀正しく行動することを忘れないで。私はタフティ、あなたの巫女。忘れないで。私を称え、崇拝し、絶対に怒らせることのないように！

LESSON
15

アドバンテージ

ああ、もう、あなたにはうんざり！　まったく甘ったれている！　そして、気まぐれ！　それなのに、「もうわかったよ！」ですって？　さあ、おさらいの時間ですよ！

- あなたは、鏡の両側に存在することができる二重の存在である。
- 向こうの世界にいるときに、ここにプレゼンスを持って存在している。
- プレゼンスを得るためには、意識を中心点に戻さなくてはならない。
- プレゼンスを得ることができれば、あなたは一つの映画から別の映画に移動することができる。
- 「現実を構築する」とは、台本をコントロールすることではなく、映画自体

を選択することである。

◉台本に影響を与えたいと思えば、台本に縛りつけられる。

今一度、これまでの内容を整理してみましょう。あなたが影響を与えなければならないのは、最終結果です。つまり出来事や他人ではなく、将来のコマなのです。**ゴールシーンを照らすだけで、すべてが思いどおりに展開していきます。**

台本はあなたのものではありません。思ったとおりになったと感じるときがあったとしても、決して台本はコントロールできません。台本を変えようとしたり、それに逆らおうとしたりすると、あなたは罠にはまります。台本は蜘蛛の巣のようなものです。あなたがもがけばもがくほど、どんどん絡められてしまいます。台本から解放されるためには、あなたは台本を手放さなければならないのです。

そもそも、台本から完全に自由になることなどできません。「フリをする」の話をしたときに、台本は個人が勝手に考え出したものではなく、それがあることは客観的な事実であり、そこから逃れることはできないと言いましたよね。ですが、逃げ出す必要はありません！

あなたがゴールを設定しさえすれば、台本はそのゴールのために働いてくれます。

現実を構築していると自分ではわからなくても、台本は構築した現実に合わせて再編成されます。あなたは、その仕組みに従ってゴールシーンを照らすだけでいいのです。しかし、あなたはすべてが自分の計画どおりに動くことに固執するでしょう。そんなことをしたら、自分が望んだことの実現をかえって妨げてしまいます。

あなたが積極的に現実を構築せず、受動的に出来事の流れに沿って進んでいるときは、台本はあなたに危害を加えようとはしません。なぜなら、危害を加えることにはエネルギーを必要とするからです。台本は常に抵抗の少ない道を選ぶのです。あなたが抵抗することによって、すべてを台無しにしています。

現実を拒めば拒むほど、物事を無茶苦茶にしてしまうのです。不満を言って、無意識のうちに、今ある現実より悪い現実を構築してしまいます。無意識のうちに現実を構築するのは、三つ編みを使って意識的にするほど効果はありませんが、いずれにせよ、その悪い現実は構築されてしまうのです。あなたは、何かが自分の期待や計画に反するたびに、嫌悪感を示します。そして、いつまでもしつこく文句を言っていますよね。

現実を台無しにすることなく、快適で素晴らしい世界に変えるためには、一つのシンプルな原則に従うことを習慣化する必要があります。それは、**「すべてのものにアドバンテージ（利点）を見い出す」**ことです。どんな残念な状況でも、ちょっとでも嫌だと感じる出来事が起こっても、その中に何か必ず「よいこと」を見つけてください。アドバンテージを見つけ出すことを目標にしてください。

人生におけるあらゆる出来事や状況は、ネガティブなものとポジティブなもので構築されています。つまり現実はいろんな意味で二面性を持っているということです。悪いことの中に、よいこともあります。現実と格闘したり、一面しか考えられなくなったりするのではなく、どんな状況でも利点を探し出すことがあなたの役目です。例をあげるまでもないでしょう。実際にやってみると、この方法がいかに素晴らしいかをすぐに理解できるようになります。

しかし、それをうまくやるためには、もうわかっていると思いますが、あなたはタイミングよく目を覚まし、意識を中心点に戻すことが不可欠です。そして、そのきっかけとなるのは主に外的要因です。つまり、誰かが何かを言ったり、何かをしたり、自分の周りで何かが起こったり、行われたりすることが、そのきっかけになります。わずかな不快感から怒りまで、受け入れられないような感情を呼び起こすものなら何でもかまいません（怒り狂ったカタツムリがどんなものか、想像すると楽しくなってきますね）。それらの感情には、苛立ち、落ち込み、不安、攻撃的なもの、恐怖なども含まれます。

現在の映画の台本から離れ、別の映画に移るために、自分の意識を中心点に移してください。あなたは、いつもの映画の中で、いつもの台本どおりに、ふるまっていますす。つまり毒舌家であったり、ネガティブであったり、自己防衛的であったり、思い上がったりしていて、または単に「何もかもが思いどおりではない」という理由で、思わず反射的に現実に抵抗しているのです。その結果、たいていの場合、自分や他人の人生を困難なものにしてしまっています。

　ところが、別の映画では、あなたが適切なタイミングで立ち止まり、その出来事の「よいところ」を見い出したため、すべてのことが自分のアドバンテージになります。これはとてもシンプルなことです。「あなたが選ぶと決めたもの」＝「あなたが得るもの」なのです。それには、**「これのいいところはどこだろう？」**と少し考えるだけでいいのです。そして、それ以降は、台本に抵抗するのではなく、従うようにしてください。ちゃんとアドバイスを受けたり、意見を聞いたり、同意したり、行動に移したり、受け入れたりするのです。以前なら拒否したり、対立したりしていたものを、です。

アドバンテージ・メソッドのやり方は以下のとおりです。

1　困ったことがあったときに使う。
2　目を覚ます。「自分を見て、現実を見る」。
3　「これにはどんなアドバンテージがあるのだろう？」と自問する。
4　答えが浮かんだら、それを受け入れて、その利点を手にする。

5　何も答えが浮かばない場合でも、ありのままの状況を受け入れる。

　5番目に関して、あなたは少し疑問に思うかもしれません。確かに人生のすべての出来事が受け入れられるものではないし、すべての状況に利点があるわけではありません。たとえば、誰かがあなたを殴ろうとしたときに、あなたはどうすればいいのでしょうか。殴られて、次の1発も受け入れるということでしょうか？　違いますよね。それでも、現実には不変の法則があります。**アドバンテージを探すことを基本原則とすれば、人生において有害な出来事に遭遇することは少なくなるのです。**真っ青な顔をして、冷たく死体安置所に横たわるような事態も避けられるということです。喜ばしいことですね！

LESSON 16

起きるにまかせる

私の愛しい人、美しい人。前回のレッスンで学んだことは、愚かなカタツムリは何かの出来事を起こすために自分なりの台本を主張し、うまくいかないと、不満を口にして、怒り出すということでしたよね。でも、まさか、あなたは違いますよね、私のかわいいエンジェル。

- 台本を手放すと、あなたは解放される。
- ゴールが設定されれば、それが達成されるように台本自体が調整を入れる。
- 自分の計画を主張することで、あなたは望んだものの実現をジャマすることになる。

◉現実に不満を言うことで、さらに悪い現実を構築することになる。
◉いいところを探せば、アドバンテージを手にすることができる。

逆説的な原則をもう一度、説明しましょう。**台本ではなく、ゴールシーンを設定するのです。**逆説的だと言ったのは、「今の現実と戦えるし、戦わなければならない」とか、「これから起きる現実を構築するなんておかしいし、不可能だ」という、あなたの慣れ親しんだ考え方と一致しないからです。でも実際にはその考え方こそがまちがっているのです。

ゴールにどうやって到達するかはわからないし、わからなくてもいいのです。特に物事の初期段階ではそうです。なぜなら、「どのように？」と問うたときに思いつく答えに恐れや絶望を感じてしまい、目標とする現実を構築する能力に心理的な制限がかかってしまうからです。

どの台本が自分の人生のゴールを達成するために必要なのかを知ることはできません。台本どおりに動いている映画の中の登場人物には、そんなことを知りようがないからです。あなたがやるべきことは、**自分が何を実現したいのかという「結果」を明確にして、それに対応する現実の姿を、三つ編みを使って、思考、言葉、映像で構築することです。**そうすれば、台本自体があなたをそこに導き、その「方法」を明らかにしてくれます。

あなたは賢くなくてもいいのです。バカなカタツムリのままでいいのです。ただしゴールに向かおうとしている目覚めたカタツムリでいてください。一度ゴールを設定すると、ショックなことが台本で起こるかもしれません。ひどいことになったと思うかもしれません。しかし、実際には、もう必要ではない古いものがあなたの現実から取り除かれただけなのです。そして、その分の空いたスペースが新しく美しいもので満たされるようになるのです。

台本上の出来事が「すべてが崩壊した」かのように展開されることは、十分にありえます。そのとき、目覚めた状態でいることで、**アドバンテージの法則**を適用することができます。この法則に従って行動すれば、台本の流れをジャマすることもなく、より早くゴールに向かうことができます。なぜなら、アドバンテージを見つけるたびに、いつもの「有害な」台本から解き放たれ、「アドバンテージのある」映画に飛び移ることになるからです。三つ編みを使わなくてもそれは可能です。三つ編みを使ってアドバンテージ・メソッドを実行すれば、さらに素早く、さらに上手に飛び移ることができます。

カタツムリではなく、ホタルでいてください。つまり、それが映画の中の生きるヒーロー、ヒロインでいるということなのです。アドバンテージを探すということは、目覚めるための手段の一つです。どんな出来事も、あなたを煩わせるものではなく、警報であり、目覚まし時計のアラーム音です。**あなたの仕事は、それらが起こったタイミングで目を覚まし、現実を見て、現実を構築することです。**

これまで：何かがうまくいかないとき、すぐにあなたは大騒ぎをして、手をばたつかせ、足を踏み鳴らす。

これから：何かがうまくいかないとき、あなたは（心の中で、または声に出して）「アドバンテージ！」と叫ぶ。

そしてこれからは、あなたのために何か素敵なことをしてくれたり、あなたを助けてくれたり、あなたのゴールに近づけてくれたりすることを、**世界に許し、まかせてください。**

これはもちろん、「許し、まかせる」人の見本になって、「すべてを委ねなさい」という意味ではありませんよ。すべてのものに利点があるというわけではなく、許容したり、同意したりすることが適切ではない出来事もあります。でも、大丈夫ですよ。あなたは自分の人生において何を許すべきかが、きちんとわかるようになります。「自分を見て、現実を見る」ことで、目覚めている状態を心がけてください。

ふだんの生活で、あなたはどのようにふるまっていますか？　怒り狂うか、自動的に従うか。どちらの場合も、あなたは無意識のうちに反応し、台本どおりに生きているだけなのです。アドバンテージ・メソッドを使うことで、**プレゼンスを得た状態で**意識的に選択し、眠っているように装いながらも、定められた映画の中を目覚めた登場人物として自由に動くことができるのです。

アドバンテージ・メソッドの原則は、すべて（意識の向け先を気にかける、フリをする、プレゼンス、現実構築）が溶け込んだ、小瓶に入ったエッセンスのようなものです。このメソッドによって、自分自身や現実を把握し、次に来るコマを設定します。アドバンテージを見つけることは、一番純粋な形での「眠ったフリをすること」です。というのも、あなたはまだ台本に従ってはいるものの、意識的、かつ意図的に従っているからです。

アドバンテージを探すときには、現実を横目で見る必要があるということを覚えておいてください。台本も周囲の人も、誰もあなたのことを疑っていません。あなたは、他の睡眠状態の人たちと同様に、真面目に自分の役割を果たし、日々の義務を遂行しながら、同時に起こっていることをこっそりと観察してください。**あなたは、自分の存在感を示すことなく、完全にプレゼンスを得るのです。**これこそが必要なことなのです。そして、すべてがあなたとは無関係だというように、気づかれずにいることがとても大切です。なぜ？　ですって？

その理由をもう忘れてしまいましたか？　忘れてしまったんですね？　前にも説明

しましたが、何度でも繰り返しますよ。**自分は何もしていないようにふるまう**ことは、「映画の中を自由に歩き回る」ことの基本なのです。大事なことは次の2点です。

まず、自分の**存在**を明らかにしないで。周囲から懐疑心や警戒心を持たれないことです。眠っているフリをするのです。

次に、今までのような直接的な方法で行動しないこと。つまり、「現実のえり首をつかんで、現在のコマで起こっていることや登場人物と戦わない」ということです。そうしてしまうと、夢を見ているように、再び台本の中に戻ってしまいます。そうではなく、**意識を気づきの中心点に持っていき、自分の「意図」でこれから起こるコマを差し替えて、映画のリールを取り替えるのです。**そうすれば、映画の中を自由にぶらつきながら生きることができるのです。

しかし、その「意図」とは何でしょうか？　最も大事なことは、それが外的意図であるということです！　現実を横目で見て、自分には何も関係がないとでもいうように過ごしながら、外的意図のセンターを起動させるのです。

LESSON
17

台本

また、会いましたね！　私のろくでなしさん。あなたには、人生においていい面よりも悪い面に目を向ける困ったクセがありますよね。でも、直すことができますよ！　アドバンテージを探す人は、何ごとにもアドバンテージを見つけられる、有能な人となりますよ。

- 台本を作ったり、「どうやって？」と考えたりすることは、あなたの仕事ではない。
- あなたのすべきことは、自分が何を達成したいのかを知り、結果（ゴールシーン）を設定すること。

●「人生がもうむちゃくちゃだ」と感じるとすれば、それはアドバンテージである。現実の浄化が起こっている。

●完全にプレゼンスを得ているとき、意図を持って自分自身を動かしているときは、あなたは映画の中を自由に歩き回っている。

●「起きるにまかせる」ことで外的意図が働き、あなたは何もしなくていい。

●目を覚まして、見て、構築しなさい。そして何か問題が起きたら、すぐに「アドバンテージ！」。

もし、あなたがそのときに目を覚まさず、アドバンテージを見い出そうとしなくても、のちのちそのアドバンテージが何であったかはわかることでしょう。しかし、それでは遅すぎます。振り返ってみて初めて、何に対してどうやって抵抗したか、そしていかに大事なチャンスを逃してしまったかに気づくことでしょう。

本当ですよ！　あなたはすぐに忘れ、時を逸してから思い起こすということを何度も続けています。それは、**自分の意識を気にかける**ということが習慣になるまで続きます。では、なぜあなたは自分の意識のことを常に忘れてしまうのでしょうか？　覚えていますか？

はい、ここで、なぞなぞです。**カタツムリを苦しめる、最も簡単で、それと同時に最も重要な問いは何でしょう？**　その問いが自分を苦しめていることさえ、カタツムリは気づいていませんけどね。私に向かってそんなしかめっ面をしても、意味がありませんよ。どうせ当てられっこないでしょうから。

「なぜ思いどおりにならないのか？」

それが、その問いです！　では、その答えは何でしょうか？　答えは、あなたが台本どおりに動いているからであり、その事実に気づいていないからです。あなた自身が現実を構築しているのではなく、水槽の中の魚のように、もっと正確に言えばカタツムリのように、ただその中にいるだけだからです。

常に睡眠状態で、たまに目を覚まして自分が寝ていたことに気づくというのは、自分が台本どおりに生きていることの証明です。なぜ、あなたは、自分の意識について忘れるのだと思いますか？　ぼーっとしているから？　いいえ、それは**あなたが台本に従って生きている**からなのです。

あなたは独自の行動をして、自分の道を歩いていると思っていますが、それはただの錯覚です。「行動」という名の幻想なのです。以前にも伝えましたが、現実に強く囚われていてその幻想に気づかず、自分がゲームの従順な登場人物になっていることに気づいていないのです。

それは本当に映画のようなものなのです。映画の登場人物も、自分の状況を理解していません。これは俳優のことではなく、映画のキャラクターたちのことを言っています。俳優は死んでしまっていても、彼らが演じた登場人物たちは誰かが映画を見るたびに生き返ります。不思議だと思いませんか？　技術的には何も不思議なことはありません。映画の中で撮影されたシーンだからですよね。それなのに、何か奇妙な感じがしませんか？

あなたたちが映画を作り出したのは、あなたたち自身がそのアイデアを思いついたからではなく、現実にその側面がすでに存在しているからです。現実に存在していないものや、まだ明確に物質化していないものを思いつくことはできません。映画がこの世界に存在しているのは、あなたが実際に映画の中で生きているからです。映画は現実のモデルなのです。

それと同じくらい奇妙な矛盾は、あなたも登場人物でありながら、映画の登場人物たちとは違って、自己認識があるということです。これがパラドックスです。現実におけるジョークです。そして、これはあなたのチャンスでもあります。自分に問いを投げかけているときには、自己認識がありますが、それ以外の時間は、あなたの意識は眠っていて、外部の台本に身を委ねています。

そして、これも信じられないことですが、自分が台本の中で眠っている登場人物にすぎないという考え方を聞いても、あなたは驚いていません。でも、もっとショックを受けるべきなのです。なぜあなたがショックを受けないかというと、あなたには行動という名の幻想を見抜く力がないからです。その幻想はとても強力です。「あなたは台本に従って生きている」と私が言っても、あなたは真面目には受け取らず、冗談か、でっちあげられたファンタジーだと思っているようです。でも、真実なんですよ！

映画の登場人物たちが、自分が映画の登場人物であることに気づいていないように、私の話を聞いても、あなたにはそれがはっきりとわからないのです。でも、もしかしたら、いつか現実を通して実験してみて、それを痛感する瞬間が来るかもしれません。そして、そのときに初めてショックを受けるのです。

まだ今は台本なんてものが実際にあり、それで本当に運命が決まるのだろうかと疑っていることでしょう。しかし運命というのは、だいたいの方向性にすぎません。運命は、道のように選ぶことができるのです。人生の中のアドバンテージではなく、よくないほうを見て、悪くなる方向を選んでしまうのは愚か者です。実際、あなたは選んでもいないのです。すべてをコントロールしようとして、道を外れ、悪影響を与えているのです。

台本は、あなたが運命と認識しているものよりもはるかに厳格です。**台本は、現在上映している映画におけるあなたのすべての行動を決定するプログラムです。**台本をコントロールすることはできません。あなたにできることは、自分の思いに一致した現実を構築することによって、別の台本に差し替えることだけです。

あなたは台本をついコントロールしようとします。それが習慣になっていますし、コントロールすることが可能であるかのように錯覚しています。人や出来事に直接働きかけようとすることは、まちがっていて、不適切な行動となり、ネガティブな結果となるのです。

そんなことをすれば、雲行きがおかしくなる方向に、台本が動き始めます。あなたは、まるで迷路で出口を探しているネズミのようです。それはまったくの徒労で、生産性がありません。

台本の一部分にも、出来事の流れにも、**直接は影響を与えることができない**ということを理解しなければなりません。現実というキャンバスの端をつかみ、その一部を利用することしかできません。アドバンテージを見い出すことは、そのやり方の一つです。これを理解できないなら、もう絶滅の道をたどるのみです。愚か者はいりません！

私の手元にはデリートボタンがあります。このボタンは「やり直し」のためだったか、「抹消」のためだったか……。どっちだったかしら。押す前に確認しておかないと……。

LESSON 18

創造主の輝き

何度も、何度もおさらいしてください、私の愛しい人、私の美しい人。繰り返し復習をするのは、あなたにとって利点があるからですよ！　何度も説明するのは、私にとっては大変ですが……。でも、実はそうではないのかも。私のかわいい信者さん、繰り返しを私も楽しんでいますよ。

◉現実を見たり、構築したりすることもなく、あなたは水槽の中の魚のように現実の中で生きている。
◉あなたは自分の意識の向け先を確認することを忘れている。それは台本どおりに生きているから。

- 映画というものが作られたのは、あなたがすでに映画を生きているから。
- 映画は現実の一面であり、まさに現実のモデルである。
- 台本とは、この特定の映画におけるあなたの行動プログラムである。
- 台本をコントロールすることは不可能だが、ゴールのコマを作ることは可能。

さて、ここでもう一度、昔から問われている質問に戻ります。

「なぜ、すべてが思いどおりにならないのか？」

あなたは、すでにその質問への答えを知っています。その答えは、自分が置かれている状況を十分に理解していないから、ということになります。少なくとも、今までは理解していませんでした。人生を思いどおりにすることは可能でしょうか？　その答えは「イエス」です。ただ唯一の問題は、あなたが正しいやり方で行っていなかったということです。

映画の中であなたが目を覚ましたとします。何かを変えることができるでしょうか？　映画はあなたの行動とは無関係に展開していきます。出来事や人に影響を与えようとしても、すべては決められているので無駄です。なのに、それこそが、あなたがいつも一生懸命やっていることなのです。「思いどおりにはならないものなんだ」とふと気づいたりするのですが、その気づきはすぐに消えてしまいます。

あなたは無能な登場人物であり、それと同時に自己認識力も持っているので、出来事の流れや他人に今のコマの中で直接働きかけて、それらに影響を与えたい、コントロールしたいという強い誘惑にいつも駆られています。そんなことは無理だとすぐに気づくのですが、それでも相変わらず「どうすればいいのか」と悩むことでしょう。しかし、わかるわけがありません。というのは、「台本を読んでいない」からです。

もし台本がどんなものになるかまだわからず、台本や映画の中の登場人物たちをコントロールできない場合、具体的にあなたにできることは何でしょうか?

1番目に、これから来る現実を構築する。
2番目に、主たる自分を構築する。
3番目に、現在のコマで自分を構築する。

あなたが自由に使えるツールは、この3つのみです。

あなたはもう最初のポイントに関しては知っているでしょう。**「ゴールシーンの構築」**です。私がなぜこれほど頻繁にこのポイントを繰り返すのだろうと、あなたは不思議に思っていることでしょう。それは、あなたがカタツムリの殻に閉じこもり、自分の思考パターンにはまってしまっているからです。だからこそ「これから起こる現実を構築することは不可能だ」とか、「現在の物理的状況と戦うことしかできない」と信じてしまうのです。

実際には、人生においてはその逆です。現実を構築することで、自分のためになる台本が組み込まれた映画を手にすることができます。現状にアドバンテージを見い出せば、その道を進むことができます。常に最悪の事態を想定したりして、そのジャマをしないでください。

それでは、2番目の「主たる自分を構築する」は後に説明するとして、3番目の「現在のコマで自分を構築する」とは、どういうことなのでしょうか？　あなたが映画の中にいると想像してみてください。映画はすでに上映されていて、あなたはそのストーリーを変えることはできませんが、あなた自身は変わっていいのです。「そのままでいて、変わってはいけない」とあなたを説得しようとする人たちの話に耳を傾けてはいけません。確かに、ある程度までは、自分の核となるアイデンティティや自分らしさというものを捨てることはできません。しかし、カタツムリのままでいるべきでしょうか？ そうしたいですか？

変わることなく、変わらなければならないのです。それが何を意味するかは、すぐに理解できるでしょう。自己成長とは、自分の核となる部分を変えることではありません。もともと自然が完璧な存在としてあなたを創造したのです。私たちの誰もが持っている欠点を考慮しても、あなたは完璧な存在なのです。ただ**成長がなければ、衰退するのみ**です。それが自然の法則です。シワシワのナメクジになりたくなければ、自分に働きかけ、肉体的、精神的な面でも向上すべきなのです。

多くのことがあなたの自己成長にかかっています。あなたたち一人ひとりの中には、創造主の輝きがあるのですから、その光を放ちましょう！ それは、宗教指導者の輝きではなく、創造主の輝きです。他人に何かを押しつけたくなるかもしれませんが、その誘惑に決して屈してはいけません。自分の望む現実と、完璧な自分自身を創造しましょう。最高の創造主はこの規則に反することはしません。創造主はあなたを支配するのではなく（どうせ言うことを聞かないでしょうが……）、現実を創造します。あなたにもそれと同じことができるのです。

もうわかっていると思いますが、肉体的な自己改善をする理由と、その方法に焦点を当ててみましょう。しなびたナメクジに何ができ、誰が必要とするというのでしょうか？　しなびたナメクジは顔をしかめて、自分の運命を呪うだけです。手厳しいようですが、これが真実であり、カタツムリの殻の中に隠れても、永遠にこの真実から逃れられません。

スピリチュアルな言い方をすれば、私たちは**闇の世界を飛ぶホタル**のようにならなければならないのです。その方法はすでに説明したはずです。自分の意識を向けたところを照らすのです。折にふれて自分の意識の向け先に関心を寄せ、自分を見て、現実を見るのです。そうするだけでも、あなたは輝き始めます。もっと工夫を凝らせば、あなたは内側からより明るい光を放ち始めます。どんな光が放たれるのでしょうか？　それは、もちろん、あなた自身を引きつけるものです。それは、喜び、愛、楽しさです。

光を放てば、周りにいるカタツムリのほうから角を伸ばしてあなたに向かって集まってきます。映画を切り替えなくても、人々はあなたに興味を示し、好意的になります。映画は以前と同じように続きますが、今、あなたはスーパースターです。あなたは何もする必要がありません。ただ、自分の意識の向け先に気をつけて、それを適切な方向に向けてください。そして、自分の中にある創造主の光を輝かせること。それは最高に楽しい訓練であり、最も価値ある目標ではないでしょうか。

この他にも、いくつかのポイントがあるので伝えましょう。

1　あなたは**台本が要求することにすべて応じていきながら、**現実を構築しなければなりません。現実の構築から始めて、新しい映画に移ったら、やるべきことをすべてやります。必要であればどこへでも行き、必要であれば何でも言い、何でもやるのです。そう、それらをすべて現在のコマの中で行うのです。まさか、ソファに座って一人で空想にふけっているだけでいいと思っていたのではないですよね？

2　自分だけが得をするのではなく、他のカタツムリも同じように利益が得られるようにしてください。**自分の利益も、他人の利益も考える。**それを信条リストに載せておくように。そうでないと、出来事や人をコントロールしようとするいつもの無駄な働きかけに戻ってしまうことでしょう。世界の仕組みはそうなっているんですよ、私のかわいいエンジェル。

LESSON

19

パワーからの指示

カタツムリさん、もっと近くに来なさい。朗報ですよ。20歳を過ぎると、台本のメインテーマが何になるか知っていますか？　それは、「退化」です。嬉しくないって？

どうして？　大丈夫！　あなたには、私という希望があるんですよ！

- 目を覚ましたとしても、現在の映画自体は変えられない。
- 自分自身の現実を構築すると、自分に合った別の映画の台本がスタートする。
- 自己成長に取り組まなければ、退化するのみ。

◉あなたはもともと完璧に作られている。
◉あなたの中には、創造主の輝きが存在している。
◉創造主の輝きを増すために、熱心に自己成長に取り組むように。

あなたには選択肢があります。台本にあなたをコントロールさせるか、自分で自分自身を動かして退化という台本の狙いを大幅に遅らせるか、です。

さて、前のレッスンの2番目**「主たる自分を構築する」**とはどういうことかという説明はまだ置いといて、台本をなんとか思いどおりにしたいという執着の問題にもう一度戻ります。これは非常に重要な問題です。これは、あなたのしつこい強迫観念に関係する話です。何をしてはいけないのか、そしてそれはなぜなのかを私は絶えずあなたに説明しています。だから、カタツムリのその角を伸ばして、よく聞くのですよ。

あなたは常に人や出来事に何かを求め、自分の思いどおりになるように強制したり、なんとか影響を与えようとしたりしながら、どうすればそれを実現できるかという問いに頭を悩ませています。たとえば、あなたがあるお目当ての女性に対する印象をよくしたいと思っている男性で、その女性とデートをしたいと思っているとします。あなたは、カケスという鳥の求愛ダンスに勝るとも劣らないような熱心な求愛ぶりを彼女に見せたのに、彼女はあなたにつれない態度です。なぜでしょう？

自己認識があるあなたは、「どうやって？」と問いを立て、自分で考えた口説きの戦略を立てました。そうなのです。「どうやって？」と自問自答した瞬間に、自己認識が目覚め、それがかえってジャマをするのです。なぜなら、あなたはゴールのことを考えているのではなく、それをどうやって実現するかという自分の愚かなアイデアを考えているからです。自分の考え出した台本が現実の台本と矛盾しているのに、自分のやり方にこだわり、結果としてすべてを台無しにしてしまうのです。

あなたと違って、カケスは本能的に台本に身をまかせて、完全に無意識な行動を取ります。カケスは、あなたより欲しいものを手に入れる可能性が高いのです。なぜなら、カケスの頭の中にはゴールだけがあり、「どうやって？」というテーマで練り上げた作り話を持っていないからです。あなたは、そんなふうに行動してみたことはないですよね？　では、やってみましょう。思考をめぐらせずに、情熱を感じ取り、心のおもむくままに言ったり、やったりしてみてください。ゴールだけを考えていれば、台本があなたをゴールに導いてくれます。

カケスとあなたの行動の違いを生むものとして、あなたがすべき唯一のことは、意識的に自分を観察することです。自分自身を観察し、何に意識を向けているかを観察する必要があるのです。そうすることで、自分の計画に溺れることなく、かろうじて感じることができる**台本の誘導に従う**ことができるのです。それはまるで**パワーからの指示**です。

これは難しくもあり、簡単でもあります。難しいという理由は、自分がしたいと思うことを脇に置いて外部のパワーに身を委ねることにあなたは慣れていないからです。そして、同時にそれが簡単だという理由は、意識的に、そして意図的にそのパワーに導かれるようにすれば、そのパワーを感じることができるからです。

私が何を言っているのかわかりますか？　ずっと同じことを話しています。「映画の中を気ままに歩くためのやり方」です。その原理は、あなたの考えや習慣に反するものなので、奇妙に感じるでしょう。今まではずっと、あなたは目覚めていない状態では台本にあらがい、目を覚ますと今度は「自分の意思で行動しないと……」とさらに焦っていました。

今までと逆のことを考え、逆のことをしてください。無条件反射のように抵抗するのではなく、目的を持って、意識的に身を委ねるのです。想像してみてください。あなたは、ロウで作られた顔を持つマネキンで、見えない目で、まるで命のないからくり人形のように動いています。そのとき、突然、目を覚まし、目が輝き始めて……。そう、それがあなたです。

もちろん、あなたは特別な内なる光で輝いて、まだ眠っている人たちの無意識の優しさを呼び起こすでしょう。しかし、それ以外の方法で目立ってはいけません。**他の人たちと同じように、映画の流れに沿うのです。**目覚めたとしても、自分の存在を知らしめることなく、他のマネキンの群れの中で、他のマネキンと同じように機械的に動き続けましょう。寝ているフリを続けるのです。そして、こっそりと映画のリールを交換します。

これを何と呼ぶか、覚えていますか？　これが「眠ったフリをする」ということです。このようにして意識的に台本に委ねながらも、実際には台本の「力と知恵」を使って自分自身を導くのです。そうすれば、すべてがスムーズに進みます。そうでないと、すべてが台無しになります。あなたにとって「何もかもが思いどおりにならない」のは、あなたがそれを起きるのにまかせていないからなのです。

反論したくなる人もいるでしょう。なぜ台本の「力や知恵」に頼らなければならないのか？　台本はどこに連れていってくれるというのか？　台本が本当に力や知恵なんてものを持っているのか？　そもそも台本は私が望むものに興味があるのか？　と。

もちろん、台本はあなたの望むものになど興味はありません。ただ、あなたが耳を傾ければ、そのお返しに台本はあなたの話を聞いてくれます。なぜ台本が話を聞いてくれるのか、なぜ台本に頼らなければならないのか。それについては後で述べます。まずは台本に抵抗することは原理的に可能なのか、抵抗する価値はあるのか、という素朴な疑問に答えることから始めましょう。

たとえば、夢中になっている人とのデートの約束を取りつけたとしましょう。そのデートの準備のために、あなたは通常、何をしますか？　自分で計画を立て、うまくいくことを期待するでしょう。計画どおりに物事は進んでほしいと思うし、意中の人には自分が望むように行動してほしいと。

しかし、実際にはそんなふうにはうまく進まず、それにあなたは不満を感じ、ネガティブな反応をし、ネガティブな結果を招いてしまいます。でも考えてみてください。なぜ、自分が想像したとおりの展開にならなくてはいけないのでしょう？　また自分が期待したとおりに、なぜ人が動かなくてはいけないのでしょう？　それは、映画やテレビドラマを見て、自分の台本どおりに話が展開し、登場人物が自分の思ったとおりに行動することを期待するのと同じようなものなのです。期待したとおりになるでしょうか？

いいえ、なりません。それなのに自分の人生だと思っている映画の中で、あなたはこれと同じことをしているのですよ。

LESSON

20

流れに乗る

さあ、さあ、元気を出して！　あなたはすでに多くのことを学んでいますが、映画の中を自由に生き生きと歩くには、まだまだ不十分です。何度もおさらいです！


◉「どうやって？」と問うと、ゴールシーンの構築が妨げられる。

◉「すべてを自分の思いどおりにしたい」という気持ちは、すべてを台無しにし、あなたをゴールから遠ざける。

◉台本に逆らえば、トラブルが起こるだけ。

◉ゴールのことだけを考えていれば、台本はあなたをゴールに連れていってくれる。

◉抵抗しない。自分自身を見て、映画の流れに乗る。
◉パワーの指示を感じ、その指示に従う。

現在の映画の中の出来事や人々をコントロールすることが不可能であるならば、あなたは何をすべきなのでしょう？　それは、出来事の流れも人々も手放し、映画はこれまでのように回るがままにさせておいて、他の人たちには自分の人生を生きてもらうようにすることです。映画自体を交換することができるのに、なぜ現在回っている映画のことで思いわずらう必要があるのでしょうか？　また、他の人に影響を与える権利が自分にあるといつから思い始めたのでしょうか？　すべての人を解放すれば、彼らはあなたを解放し、さらにあなたに駆け寄ってきて、あなたの思いどおりに動いてくれるというのに。これについては後ほどお話しします。

もう一度言いますよ。**あなたは、出来事の経過や他の人の立ち居ふるまいではなく、最終的な結果、ゴールシーンに集中しなければなりません。**あなたは台本に抵抗することはできないのです。それは、プレゼンスを持ってそこにいる場合でも不可能です。あなたの意思に沿った現実に起こるすべての変化は、あなたが別の映画に切り替えた結果なのです。現在の映画の台本に、あなたは何も手を加えることはできません。

目を覚まして、意識的に、意図的に、台本から逃れたのだと反論する人もいるかもしれません。たとえば、あなたが何か世界に衝撃を与えるようなことをしようと決めて、意味もなく別のカタツムリたちの角を叩くとしましょう。「もしかしたらやり返されるかもしれないけど、それでも完全に俺はプレゼンスを保って、台本を壊してやったぞ！」と言うかもしれません。

しかし、第一に、あなたのその変化球が台本になかったことを確認するすべはありません。第二に、そんな変化球を好きなだけ投げてみたとしても、そこに何の意味があるのでしょうか？　ここで話していることは、あなたの夢が実現しない理由と、問題を解決して、願っている目標を達成するための方法です。変化球を投げても、何もいいことはありません。現実というのは、もてあそばれるものではなく、適切に扱われるべきものなのです。それがポイントです。

その他のことは、ささいなことであり、ルールから外れた小さな例外にすぎません。いろんなメソッドを試しているうちに、必ずといっていいほど例外が出てきます。そんなささいなことに意識を向ける必要はありません。根本的に重要なことだけに集中したほうがいいのです。では、具体的な話に移りましょう。

目が覚めたら、自分の独裁国家を作り始めるのではなく、意識的に流れに乗ることが重要であり、それが映画の中を気ままに生きるという意味です。現実を構築して、映画を取り替えること。ここにあなたの自由意思があります。すべてにおいて大事なことは、**目を覚まし、観察し、流れに乗る**ことです。

目を覚まして、意識的に次の3つのことをしなさい。

1　台本をコントロールしようとするのをやめる。
2　台本の流れに乗る。
3　ゴールのコマを構築する。

観察して、次の3つのことをしなさい。

1 自分の意識を向ける先に気を配る。

2 アドバンテージに気を配り、それを手にする。

3 これから来るコマに気を配り、それを照らす。

そして、台本の「力と知恵」を活かすために、台本の**流れに乗って**ください。台本は川のようなもので、常に最適な流れで進みます。あなたは、まず初めに台本に目的地、つまりゴールを示すべきなのです。ゴールを達成するための方法を予測することはできません。微妙な詳細、人々、状況、出来事のさまざまなバリエーションがあり、そのすべてがあなたにとって等しく未知のものだからです。台本はその課題を簡単に解決してくれるので、あなたが次にすることは、台本の流れに乗るだけです。

この場合の「流れに乗る」という意味は、「アドバンテージ」と「起きるにまかせる」の原則を説明したときに話していたこととまったく同じではありません。**「流れに乗る」には、「パワーの指示を感じ取って、それに従う能力」が必要です。**しかし、いつもそれを感じなくても大丈夫です。出来事がどのように展開していくかというパターンを意識的に観察し、受け入れ、それに合うような行動を取り、抵抗しなければ、たいていはそれだけで十分です。

そして台本があなたを後押ししている方向を感じ取るには、プレゼンスを得て、「自分を見て、現実を見る」状態になることです。もし、どっちの方向に流れるべきなのか、現実から明確な答えを得られないのであれば、それはあなたが自分自身と感情にもっと注意深く耳を傾けなければならないということです。プレゼンスを得ていれば、指示が簡単にわかります。難しいのは、ふさわしいタイミングで自分に意識を向け、目を覚ますことです。

アテンション・トラッキング（意識を向ける先を気にかける方法）
コマ照射メソッド（ゴールシーンに光を当てる方法）
アドバンテージ・メソッド（どんな状況にもアドバンテージを見い出す方法）

これらの効果を最大化するためのいろんな**トリガー**（きっかけ）があります。こういったトリガーを**継続的に**使用して、**習慣化**する必要があります。それが「必要なときに目を覚ます」ための唯一の方法です。
これを習慣化しないかぎり、何をやってもうまくいきません。ふさわしいタイミングで目を覚ますことが、何よりも大切なのです。

それ以外にも、コントロールのスイッチが入ってしまうトリガーを教えましょう。それはあなたの最も破壊的な習慣で、台本、出来事、他人など、すべてをコントロールしたいと思うことです。

1　人や出来事に何かを求めてしまう。
2　すべてが自分の計画どおりに進んでほしい。
3　思ったとおりではないとイラつく。

コントロールするという習慣をやめ、「手放して流れに乗る」という新しい習慣に置き換えることが不可欠です。これが、**フォロー・メソッド**です。

1　何かをコントロールしようと思ったら、使う。

2　目を覚ます。「自分を見て、現実を見る」。
3　「台本からの最初の指示は何か?」と自分自身に問い、感じる。
4　答えが浮かんだら、その指示に従う。
5　答えが返ってこなければ、ゴールのコマを構築して、もう一度その流れに乗るようにする。

LESSON

21

自分を超えたパワー

さあ、私のかわいい子羊ちゃん、「映画の中を生き生きと気ままに歩く」ことは、「好き勝手なことをする」という意味ではないことを理解していますよね？　映画の中をぶらついているときの私は、謙虚そのものです。「自分の存在を主張せず、おだやかにふるまい、観察して、流れに乗る」ようにしています。もう気づいているように、実際にはすべてのことが虚像であり、偽物です。もう一度、原理のおさらいです。

◉目を覚まし、観察し、流れに乗る。
◉ゴールのコマを構築し、台本の流れに沿っていく。

●流れに乗ることで、台本の「力と知恵」を利用する。
●「トリガーに気づいて利用する」ことを習慣化する。
●「コントロールする」という習慣をやめて、「手放して流れに乗る」という習慣に変える。
●「流れに乗る」とは、パワーの指示を感じてそれに従う能力を持つこと。

（ただし、自分の弱さの言い訳に「パワーからの指示」を使わないように、愛しい人！）

最初の衝動、指示、あるいは直感や予感に従うことで、あなたは確実な一歩を踏み出します。まちがってもパワーからの指示を無視してはいけません。不服従は自由とは違います。台本に反した行動を取ることは、まちがいです。そんなまちがいをあなたが起こせば、台本はより悪いストーリーにあなたを取り込むのです。

この場合、台本の流れに乗れないのは、あなたの自己認識、より正確に言えば、あなたの自尊心のせいです。あなたは自尊心を、もともとそれが作られた目的のために使っていないために、悪影響が及ぶのです。ふさわしい行動とは真逆の、不適切な行動をしてしまいます。あなたはうぬぼれていて、状況を理解できていません。あなたは映画の中の登場人物の一人にすぎないこと、そしてその立場から解放されるためにはどのように行動すべきであるかということを、これまで丁寧に説明しているはずです。

これまでのレッスンで、台本とは現在の映画の中であなたのすべての行動を作り上げるプログラムであると伝えました。しかし、台本は本当にすべてを決めているのでしょうか？　実はこれには2つの例外があります。一つは建設的なもの、もう一つは破壊的なものです。破壊的な例外については、もうお話ししましたね。あなたがあえて台本に従わない場合のことです。

建設的な例外は、目を覚まして自分の現実を意識的に構築する瞬間に生まれます。これだけは台本に含まれていません。あなたが映画を交換して別の台本の支配下に入ることができるという特例を、台本は知らないのです。

なんて不思議な世界の仕組みなのでしょうか！　**台本は、あなたに映画を交換できる力があることに気づいていないのです。**それは創造主があなたに与えた特権なのです。すべての生きとし生けるものの中でも、あなたたち以外にはそれができないのです！　あなたたちは一般的なルールの例外なのです。それなのに、その特権を使わないなんて！

すでに説明したように、台本はあなたに従うこともあるのです。さて、それは、どんな意味においてだったでしょうか？　あなたが自分自身の現実を構築するとき、現在の台本はあなたを解放し、別の台本に譲ります。それは、あなたのゴールシーンが照らされた、入れ替わった後の映画の台本です。

もうわかっているように、あなたには内部と外部に2つの意図のセンターがあります。内部センターは額にあり、外部センターは三つ編みの先端にあります。内的意図は、現在のコマでのあなたの基本的な能力や行動にとって重要です。外的意図については、「それはあなたは特に何もしなくていい」という原則を話した際に、ほんの少し触れただけでした。

思い出してください。あなたが意識の向け先を気にかけて、プレゼンスを持って存在し、意図を持って自分を動かすとき、あなたは映画の中を気ままに歩いているのです。コマを前に進めるのは、あなたのちっぽけな内的意図ではなく、外的意図です。外的意図とは、あなたのものではなく、あなたから指示を受けているわけでもないので、「外的」と呼ばれています。では、それはどのように動くのでしょうか？　そして、それは一体何なのでしょうか？

あなたは台本が外的意図だと思っているかもしれませんが、そうではありません。外的意図とは、台本を超えたものです。**外的意図とは、パワーの一種であり、現実を動かす原動力です。**その力強い構成要素が、運命づけられた映画のリールを回すのです。誰が、何のために、物語を決定しているのか？　これはものすごく複雑な問題であり、それについては、ここでは答えません。それよりも、「事前に決まっている」現象に対して、何ができるのかを把握することのほうが重要です。

パワーには何らかの方法で直接働きかけて影響を与えることはできませんが、間接的に利用することはできます。あなたには、このパワーへのアクセスポイントがあります。それが外部センターである三つ編みなのです。あなたが眠ってしまっているときには、パワーはあなたの三つ編みをつかんで、あやつり人形のように台本の中に取り込みます。しかし、あなたが目を覚まし、プレゼンスを得て、三つ編みを「自分の手に収める」と、パワーに関わる力、つまり**メタパワー**が活性化されます。これにより、構築したコマに対応する別の映画を回すことができるのです。

三つ編みを使う方法は、すでに話しました。しかし、念のためにもう一度ここで繰り返し、伝えましょう。

1　目を覚まし、「気づきの中心点」に入る（プレゼンスを得る）。
2　三つ編みを起動させる（三つ編みに意識を向け、それを感じる）。
3　三つ編みから意識をそらさずに、ゴールシーンを構築する。

あなたがプレゼンスを獲得するやいなや、あなたの意識はあなたのものになります。三つ編みを起動させたと同時に、あやつり人形の糸、つまり三つ編みもあなたの手に渡ります。そこで三つ編みの感覚を手放さずに、内部スクリーンに意識を向けて、将来の絵を描き、ゴールのコマを構築してください。

あなたの意識は、内部のスクリーンと三つ編みに同時に集中しています。意識は三つ編みに行き、スクリーンに注がれ、視覚的に、あるいは言葉や思考でゴールのコマを描きます。それを内部センターからではなく、あなたのものでもあり、同時にあなたのものでもない外部センターから描くのです。あなたが利用しているのは、目に見える有形の力ではなく、バーチャルな無形のメタパワーです。それは**あなたの背後で働いている、あなたを超えた力**です。

それはあなたとは何の関係もありません。あなたは直接何かをしているわけではなく、間接的に促し、何が起こっているかを観察しているだけです。強制するのではなく、それが**起きるにまかせる**のです。そうすれば、パワーは勝手に働き始めるでしょう。あなたの背後で、そして自分を超えたところで、それが起こる感覚を覚えておいてください。これがパワーと出会ったときに感じるものです。この感覚を持てるようになれば、パワーはあなたとともにあります。

LESSON 22

ペーパー人間

私たちは一体何の勉強をずっと続けているんでしたっけ？　もう眠りに落ちちゃっていますか？　生き生きと映画の中を散策するテクニックを覚えていますか？　心配しないで、私の子羊ちゃん。それは、そんなに難しくはないですよ。ただ、トレーニングが必要なだけです。定期的な、そして体系的なトレーニングがね。もしまだそのテクニックを試していないなら、試してみて。ただ読んだり、聞いたり、目を大きく見開いて、驚いた顔で私を見つめているだけではダメですよ。練習すれば、すぐにできるようになります。

◉映画のコマを動かすのは、内的意図ではなく、外的意図である。

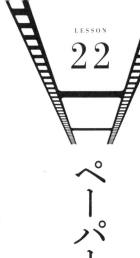

- 外的意図は一種のパワーであり、現実を動かすものである。
- メタパワーは、パワーに関わる力のことである。
- 三つ編みはあなたの外部センターであり、パワーへのアクセスポイントである。
- パワーは、メタパワーと同じように、三つ編みを使って間接的に使うことができる。
- 三つ編みを起動させて、現実を構築するときにメタパワーが働き始める。

あなたが目覚めて、プレゼンスを得て、意図で現実を構築しているとき、あなたは映画の中を生き生きと自由に歩き回ることができます。それができていないなら、あなたは生きていると言えないし、歩き回っているとも言えないのです。あてがわれた役割をこなしているだけなのです。

ああ、なんて言えば、もっと怒ってくれるんですか？　意識が眠っているときは、あなたは完全なあなたではなく、ここにも存在していないのですよ。あなたは、本の挿絵のような架空の人物にすぎません。その姿を切り取って、しおりにして本に挟みたいぐらいです。あなたはその程度の存在です。

紙の人間に何ができるのでしょうか？　何もできません。紙のカタツムリも同じです。本の中で囚人のようにじっとしていること。それだけです。純粋な架空の人物とあなたとの違いは、「なぜすべてが私の思いどおりにならないのか」とあなたが叫ぶときの、まれに見ることができる自己認識のきらめきです。違いはそれだけです。

すべてが自分の思いどおりにならないのは、あなたが常に自分のちっぽけな内的意図で行動しているからです。あなたは愛されたい、尊敬されたい、助けてもらいたい、与えてもらいたい、と望みながら、子どものように「愛してくれ、大事にしてくれ、助けてくれ、与えてくれ」と叫び続けているのです。

外側から見ると、それは鏡の前に立ち、手を伸ばして「ちょうだい！」と叫び、鏡に映ったものを引き寄せようとしているようなものです。鏡に映ったものはそれに応えて同じことをします。ですので、あなたは与えられることはありません。あなたは奪われるのです。現実では、鏡のように、常にあなたのすべての精神的な態度や行動が映し出されます。**自分が出しているメッセージどおりに、反応が返ってきて、出したものがあなたに返ってくるのです。**

あなたは覚えていないと思いますが（忘れてしまっていますよね？）、すでに述べたように、ぼーっと眠っている状態でも、ある程度は自分の現実を構築しています。意識して意図を持って三つ編みを起動させているときほど効果的ではありませんが、それでもなにがしか構築しているのです。特に何かに対して思いきり抵抗しているときは、そうです。現実は、原則として、鏡のような反応を示します。自分のしたことがそのまま返ってくるのです。

しかし、普通の鏡と違い、現実はパラドックスな鏡なのです。パラドックスと言ったのは、鏡をのぞき込んだときに、自分の姿が客観的には見えないからです。なぜなら、鏡に映っているのは、現在のコマ、つまり自分を取り巻く物理的な状況です。あなたの意識は、その鏡が映し出したものに完全に注がれています。つまり、あなたの本質が、登場人物のように映画に取り込まれ、本の中の挿絵のようにページに貼り付けられているということなのです。

映画の中の登場人物であるあなたには、鏡に映ったものを変えたり、動かしたりすることは一切できません。自分自身を動かすこともできず、あなたの本質は、現在のコマに溶け込んでいて存在していないのです。**今の映画から、つまり鏡から意識をそらすことで、あなたは自分や物事を動かすことができるのです。**

あなたの体は映画の中（映し出されたもの）と同じ側にありますが、あなたの意識は映画の外、本体と同じ側（つまり映画の保管庫側）に置くべきなのです。そうすると、鏡の前に立っている自分を見て、自分の考えや行動のすべてが反映されたものとして現実を見るのです。鏡の前に立ちながら、そうやって自分を見て初めて、映画の中で「すべてが自分の思いどおりになる」ように、自分を動かすことができるのです。

わからないだろうと思いますが（わからないですよね？）、今、話していることは、またあなたの「プレゼンス（存在）」のことです。あなたは、あなたの意識そのものなのです。あなたは生きて存在しているか、ただのペーパー人間に成り下がっているかのどちらかです。映画の中であなたがプレゼンスを得るには、あなたの意識が、あなた自身と現実の両方を見ることができる観客席にあるときだけです。スクリーンが鏡でもあるのです。

通常のスクリーンや通常の鏡と、現実というスクリーンや鏡の違いは、現実では映像と鏡の反射が重なり合っていることです。あなたは自分の周りで一つの映像を見ているのであって、鏡面ではっきりと2つに分離された映像を見ているのではありません。しかし、だからといって物事の本質は変わりません。あなたを取り囲む現実は、あなたの思考と行動によって創り出されています。スクリーンや鏡の前に立って、意識的に自分を動かすなら、スクリーンや鏡にはそのように映ります。そうすれば、実質的に自分の映画、つまり、自分の現実を創っていることとなります。

自分の映画を流すために、**第1に**すべきことは、**目を覚まして、プレゼンスを得る**ことです。映画の中で自分に命が宿ったと想像してみてください。いつものように映画を観ているのではなく、映画の中で生きるのです。それを感じてください。目を開けて、自分を取り巻くすべてのものを新鮮に見てください。見方を変えてみてください。色彩がより豊かになっていることに気づくでしょう。そして今、自分が映画の登場人物ではなく、客観的な部外者であると感じてみてください。あなたは映画関係者として、この映画に参加しています。誰もそれには気づきません。気づいているのはあなただけです。体は映画の中にいますが、意識の上では映画の外にいます。**その存在、そのプレゼンスを感じてください。**

第2にすべきことは、他人や現実に何かを望み、期待し、求める前に、自分が鏡の前に立っていることを想像し、次の質問を自分に投げかけてみることです。「この世界でうまくやっていくためには、鏡に映っているものに対して、私は何をすべきなのか？」と。あなたは自分で一歩を踏み出さなければなりません。いつものように布団をかぶって引きこもったり、「ちょうだい！　ちょうだい！　ちょうだい！」と叫んだりするのではなく、目を覚まして、現実という鏡があなたの動きをただ繰り返しているだけだと気づくのです。そして、何かを受け取りたければ、まず同じようなものを与えなければなりません。それが何であるかは、実は重要ではありません。単純にあなたの「ちょうだい」を「あげる」という反対の言葉に置き換えるのです。そうすれば、まるで魔法のように、あなたが欲しかったものが鏡面に映し出され、それを受け取ることができるでしょう。**あなたが与えたものが、あなたに返ってくるのです。**

LESSON

23

映像を構築する

私の親愛なる人、いつものように、きちんとおさらいです。

- ◉まるで鏡のように、現実はあなたの考えや行動をすべて映し出す。
- ◉あなたの思考と行動は、常に「愛して、大事にして、助けて、与えて」。
- ◉鏡には、文字どおり「ちょうだい、ちょうだい、ちょうだい」という姿が映る。
- ◉内的意図で行動しているときは、自分を客観的に見ることができない。
- ◉自分を客観的に見るために、プレゼンスを得る。
- ◉今までの見方を変えて、映画の中の自分を感じる。
- ◉「ちょうだい」をすべて「あげる」に置き換える。

これまで述べてきたように、行動するときはいつも現実の鏡のような性質と折り合いをつけなければならないということです。何かを求めたり、周りに何かを要求したりする前に、プレゼンスを得て、自分自身に問いかけてみてください。**「鏡に映っているもののほうから歩み寄ってくれるようにするためには、どうしたらいいのか？」**。もちろん、その答えはあなたから「最初の一歩を踏み出す」ことです。あなたの最初の一歩とは何でしょうか？

愚かなカタツムリは、普通の鏡の前に立って自分の姿を見ているときにしか自分の行動について考えません。しかし、黄金に輝くあなたは、とても頭がいいので（少なくともずる賢いので）、わかっていますよね。あなたは常に**「現実は鏡である」ことを考慮し、行動しなければならないのです。たとえ鏡が見えていなくても**、です。

たとえば、あなたは愛と優しさを必要としているとします。鏡の前に立っている自分を想像してみてください。愛と優しさが鏡に映るように、行動するのです。あなたはどのように動けばいいのでしょうか？　愛を求めるのではなく、愛を放ち、自分のほうから愛するのです。優しさを求めるのではなく、魅力を放ち、周りの人に優しくするのです。

この原則を自分で試してみてください。あなたを愛している人と、愛を求めている人。あなたに無償で与える人と、何かを求めている人。あなたに純粋に興味を持ってくれる人と、関心を引こうとする人。どちらを魅力的に感じますか？

以下の表を参考にして、あなたが望む映像を構築してください。

望んでいること	そのために構築すべき映像	現実という鏡が映し出すもの
友達との楽しい時間	注意深く聞く	あなたと遊んでくれる人たち
興味を持ってもらう	興味を示す	あなたに興味を持ってくれる人たち
助けが欲しい、支援をしてもらいたい	周りの人を助ける	あなたを助けてくれる人たち
理解してほしい	周りの人を理解する	あなたを理解してくれる人たち
思いやりを持って接してほしい	周りの人に思いやりを持って接する	あなたの周りの愛情深い人たち
同意を得る	相手に同意を示す	あなたに同意してくれる人たち
尊敬される	周りの人を尊敬する	あなたを尊敬する人たち
感謝をしてもらう	周りの人に感謝する	あなたに感謝する人たち
周りの人から好かれる	周りの人に親切にする	あなたのことを好きな人たち
周りの人から称賛される	周りの人を称賛する	あなたを称賛する人たち
愛される	愛する	あなたを愛する人たち

望まないこと	そのために気をつけること
攻撃的なタイプの人に出会う	攻撃しない
批判される	他の人を批判しない
ジャッジされる	他の人をジャッジしない
被害を受ける	他の人に害を与えない
恐怖に怯える	周りの人を怖がらせない
嫌な性格になる	面倒を起こさない

あなたの思考と行動の横に「不足している」というマイナス記号ではなくて、逆にプラス記号（十分あってあふれている）をつけて並べるだけです。あなたのすべての「ちょうだい」にはマイナス記号がついているので、効果がないか、むしろ逆効果になってしまっているのです。同様に、ネガティブな思考や行動は、ブーメランのように自分に返ってきます。

どこからともなく自分の頭にブーメランの嵐が降ってくるのは嫌ですよね？　だから、鏡に向かってブーメランを投げてはいけないのです。鏡はすべてを正確に映してくれるとはかぎりません。あらゆる不幸の因果関係は、必ずしも明確にわかるものではありません。ただ一つ避けられないことは、ブーメランは遅かれ早かれ何らかの形で戻ってくるということです。誰かを傷つけたことがありますか？　それは墓穴を掘っているようなものですよ。誰かにいいことをしましたか？　それなら、きっといいことがありますよ。

それでは、具体的に**映像構築メソッド**の説明をしましょう。誰かに何かを求めている自分に気づいたら、すぐに目を覚まして鏡の前に立ってみましょう。望みを叶えたいと思うなら、あなたは何をする必要があるでしょうか。そうです、**あなたが欲しいと思っているまさにそのものを他の人に与える**のです。

1　「他の人に何かを与えてもらいたい」と思ったときに使う。
2　プレゼンスを得る。「欲しがるのは無駄なこと、与えなければならない」。
3　「同じようなものとして、何を与えられるか？」と自問する。
4　同じようなものを見つけたら、すぐそれを先に与える。
5　同じようなものが見つからなければ、とにかく与える。

自分が受け取りたいと思っているものを、相手に与えることが必ずできるとはかぎらないし、適切ではない場合もあります。しかし、褒め言葉から贈り物まで、相手が必要としているもの、相手を喜ばすものは提供できます。相手が必要としているものを見極めるのは難しいことではありません。心からの関心を示すことです。相手の欲しいものが見つかれば、後は簡単です。相手の必要を満たすようにするだけですから。

映像構築の大原則はこれです。**「世の中に文句を言うよりも、愛せ」**。現実に必要なものは、「愛」だけです。ただ、その言葉は正しい文脈で受け止められていないだけなのです。あなたは周りの人に愛されたいと思っています。「愛されて初めて、この世界を愛せるのに」と。でも、それは逆なのです。**何の見返りも求めることなく、まず自分から愛を放ちます。**そうすることで、初めて愛があなたのもとにやってくるのです。

自分からは何も与えずに、あなたの愛を喜んで利用する人もいるでしょう。そのような人からは離れて！　そんな人たちは、あなたの人生には必要ありません。さあ、私の愛しい人、もっと近くに来なさい！　私はタフティ、あなたの巫女です。

LESSON

24

鏡とのコミュニケーション

さあ、いいですか、私の親愛なる人。これで自分を構築することができるはずです。待ったり、頼んだり、要求したりするのではなく、まるで鏡の前に立っているかのように、自分自身の姿を作り上げて、望むものを手に入れるのです。

- あなたは、現実が持つ鏡のような性質と折り合いをつけて、行動しなくてはいけない。
- 「この世界でうまくやっていくためには、鏡に映っているものに対して、私は何をすべきなのか?」。
- 自分が受け取りたいと思うものを、他の人に与える。

- **あなたの「ちょうだい」にはすべてマイナス記号がついているようなもの。なので、逆に働いてしまって、かえって受け取ることができない。**
- **ネガティブな思考と行動は、ブーメランのように自分に返ってくる。**
- **あなたの考えや行動に、十分あるというプラス記号をつけて並べてみる。**

これから起こる現実を自分で構築する以外に、現在のコマでできることは**「自分を構築する」**ことです。自己成長に力を注ぐことができ、映像構築メソッドを使いこなせるなら、カタツムリの中では最強です。

現状のコマを変えようとする努力、つまり現状の流れに直接影響を与えようとするちっぽけな努力は、何の役にも立たないばかりか、逆効果になるだけです。他人に影響を与えようとすることも無意味です。彼らはあなたと同じように、台本に書き込まれている登場人物です。考えてみてください。誰かがあなたになんとか影響を与えようとしたとして、それは可能ですか？　あなたが望まないかぎりは、無理ですよね、私のかわいい頑固者さん。

映画の出来事の流れを変えるには、映画自体を取り替えればいいのです。映画の中からでは無理です。間接的に人に影響を与える唯一の方法は（ここでは強制的な方法はもちろん考えていません）、**鏡の原理に基づいて人との関係を築く**ことです。自分がしてほしいと思っていることを、他の人が自然にやりたくなるには、この方法しかありません。

あなたがしてほしいと思うことを、なぜ他の人はしたくなったり、欲しいものを与えてくれようとしたりするのでしょうか。現実にはそういう特徴があるからです。**現実は映画のようでもありますが、それだけではありません。現実は鏡のようでもあるのです。**映像を構築することは、現実を構築するのと同じように効果があります。メカニズムは違いますが。あなたがこれから来るコマを構築するようには、他人の行動は決めることができません。

ゴールのコマを構築する際に、ある人を無理やり自分の曲に合わせて踊らせようとしても、うまくいかないか、逆効果になります。それはあなたが二重にルールを破っているからです。つまり、あなたは自分の台本だけではなく、他の人の台本のジャマもしているからです。

「あなたの現実」だけが、「あなたのもの」です。なので、こうなっていたいという自分の姿を、自分のゴールのコマの中心人物として描くのです。あなたはステージで輝くスターなのです。映画監督なのです。自分自身で自分の船を前に進めるのです。コマの中の他の人物は全員、背景であり、舞台装置の一部にすぎません。

覚えておいてください。**自分の現実は自分自身で作ることができますが、他人の現実は作れない**ということを。あなたができるのは、彼らと鏡のような関係を築くことだけです。特定の人に何かを求めるのであれば、その人に会いに行き、現在の映画の中でその人とコミュニケーションを取ればいいのです。映画は鏡のようなものだと覚えておいてください。

たとえば、ある人を操って結婚させようとするのではなく、ゴールのコマの中で、**抽象的に**誰かを思い描き、その想像上の人物（理想のパートナー）と一緒にバージンロードを歩いたり、未来の家で、未来の家族と幸せに暮らしたりすることを想像するのです。そうすると、あなたの映画は別の映画に置き換わり、その映画の中で、誰かと出会い、そのセットが物理的に現実となっていきます。もし、あなたが特定の人を思い浮かべているなら、「その人と一緒の映画を撮ろう」とがんばる必要はありません。そんなことをやってもうまくいきません。それよりは、その人のところに行って、**自分の映像を構築しながら、鏡に向かって話しかけるように話す**のです。

最も重要なことは（何度も言いますよ！　忘れっぽいあなた、よく聞いてください！）、**自分がどこにいるのかを忘れないこと**です。台本の指示のもとで行動している虚構の人物たちに囲まれて、あなたは映画の中にいるわけです。その映画は、取り替えが可能です。そして、同時に、その映画は鏡のような性質を持っています。その鏡は、映像と鏡に映った反射をわける、目に見える表面を持たないという点で、あなたを欺くものです。

あなたは、映画の中で目を覚まし、周りを見回し、自分で決めて現実に影響を与えながら、目覚めた人物として生き生きと歩き回れるチャンスを持っています。そうでなければ、まるで夢の中にいるように、ぼんやりとした霧の中にいて、台本どおりに動くかわいそうな他の登場人物たちと同じです。何にも影響を与えることができないのです。

もう一つ、あなたに覚えておいてほしいことがあります。それは、完全に台本どおりに動いている夢の中の登場人物や、本能と台本に支配されている動物とは異なり、あなたには自己を認識する力が備わっているということです。その能力が目覚めることは滅多にないかもしれないし、たまに垣間見えるだけかもしれないですが、それでもあなたがその能力を持っていることに変わりはありません。そして、あなたは台本という外部の動力だけでなく、**内面からの駆り立てる力**にも導かれているのです。

その内面からの原動力とは何でしょう？　それはとてもシンプルなものです。それは、**自分の価値を感じたい、自己実現をしたいという欲求**です。この世界に誕生したばかりのあなたを想像してみてください。あなたは何をしますか？　何よりもまず、自分が無駄な存在ではないこと、無意味に生まれてきたわけではないことを、自分自身や他の人たちに証明しようとしますよね。これが基本的に、あなたが人生でやっていることです。その形や手段は人によって違いますが、行動の基盤は同じです。

ここから、もう一つの効果的な鏡の原理が生まれます。ある人に好かれたい、何かをもらいたいと思ったら、その人の重要性を強調して、その人の自己実現のプロセスを助けるという目標を立てるのです。しばらくの間は自分の重要性を忘れて、他の人の重要性に集中しなければなりません。

逆説的ですが、ここではすべてが鏡です。自分が得をすることよりも、相手が得することを考えることで、自分が得をするのです。敵を作りたくないのであれば、誰かの自尊心を傷つけないようにしてください。

先に述べたように、他の人が利益をなすのを助けることを、自分の人生哲学の一部にすべきです。そうすれば、自分自身の自己実現に苦労することはありません。また、**自己実現が成功するのは、それが他の人のためになるときだけ**です。逆に言えば、人のためにならないことは、自分のためにもならないということです。

LESSON

25

操る

そういうことなのですよ、美しい人！　もう一度言いますよ。人や出来事に直接、影響を与えようとはしないように！　そちらには何もせずに、自分自身を構築するのです。

- 現実を構築することはできても、他の人を構築することはできない。
- 鏡の原理を念頭に置きながら、周りの人とコミュニケーションを取るしかない。
- 現実の姿を構築するときには、具体的ではなく、抽象的に他の人や舞台装置を映像化する。

●他人の自尊心を傷つけないようにする。
●周囲の人を尊重し、その人たちが自己実現をするのを助ける。
●あなた自身の自己実現は、他の人に役立つ場合のみ成功する。

プレゼンスを保ちながら、鏡を思い出してください。ポジティブなものも、ネガティブなものも、ブーメランのように自分に返ってくることを忘れないでください。あなたがプレゼンスを持って存在していれば、まだ眠っている人にとってあなたはホタルのように魅力的で、惹きつけられる存在です。そして鏡を見るように彼らとコミュニケーションを取れば、あなたはみんなの人気者になることでしょう。

あなたはすでに現実の多くの秘密を学びましたが、もうこれで十分と思うには、まだ早すぎます。あなたの意識を操ろうとするもっと進化したカタツムリがいるかもしれません。特に、台本によって、権力を与えられ、マスメディアを使える人たちです。なので、しっかり角を立てておくように！　そしてコントロールされないように、眠ってしまわないようにしてください。

現在のコマの中で、登場人物の意識を操るのは可能です。もうわかっていますよね。あなたは外的な台本と内面の原動力の両方に導かれていますが、内的な力のほうがはるかに小さいのです。この内的モチベーションは主に進む方向を決めるのに使われますが、実際にあなたの動きを決めるのはやはり台本なのです。しかし、非常に貪欲なカタツムリがいて、自分のためになるようにあなたの人生のコースを変えようとすることがあります。それが、彼らの内的モチベーションで、彼らの台本なのです。

これが「操る」ということです。**他人の進む方向をコントロールしようとすること**です。人をだましたり、偽の価値観や目標を作ったり、他人の弱みやニーズを利用したりして、人を操ります。あなたの進路をジャマすることなく助けてくれる鏡の原理とは異なり、操り手はあなたを真の進路からそらし、あなたを利用しようとします。何かを押しつけられていると感じたら、自問してみなさい。**「誰が、どんなふうに得をするのか」**と。

周りの人を操るということに巻き込まれないでください。人を操ることは恥ずべき行為です。しかし、現実を操作することは、まったく別問題です。正攻法といってもいいでしょう。現実は常に幻影であり、あなたをだましています。私の隠れた信者さん、世を忍ぶ変わり者さん、なぜ積もり積もった現実への恨みを晴らさないのですか？　あなたならきっと楽しめるはずです。では、その方法を見ていきましょう。

現実は本来、二面性を持っています。それは一方では映画であり、もう一方では立体的な鏡だということです。どちらも混乱を招くことでしょう。**最もややこしいのは、現実の本当の姿が隠されているということです。**映像のある空間は見えませんし、鏡の枠も見えません。しかしそれを知り、現実は２つの面を持っていることを覚えておけば、幻影はあなたに対する力を失います。

普通の平面鏡の前に立つと、主体（自分）とそれが映し出された姿を同時に見ることができるので、両者の相関関係は明らかです。しかし、最初に鏡を見たときはどうだったでしょうか？　そのときの印象をもはや覚えていないでしょうが、自分と鏡に映った姿との関係性はわからなかったことでしょう。鏡の仕組みを理解していなかったあなたは、鏡に映った姿が自分だとは思わなかったはずです。

普通の鏡の幻影でさえ、あらためて考えると、今でも理解しがたいものです。しかし、現実という鏡の幻影は、もっと複雑です。空間は半分に分かれておらず、現実と永遠の保管庫の世界との間に目に見える境界線はありません。**あなたは鏡の外にも中にも同時にいるのです。**

鏡は遅れて反応し、映像と鏡に映ったものとの間にあるはっきりした相関関係はわかりません。あなたが世界に向けて発信するメッセージは、どれも即座には反応せず、因果関係が常に明確になるものではありません。これがいかに巧妙なイリュージョンであるか、想像してみてください。そして一番巧妙な点は、**現実が鏡ということを隠している**という点です。

それでも、このイリュージョンを上手に利用することができます。立体鏡の原理はわかり、主体と鏡に映っている反射の間に関係性があることもわかりました。これを利用して何ができるでしょうか？　それは、あなたが作った映像が、鏡への反射として現れ、その鏡に映し出されたその姿をまた映像主体に戻すことができるということです。つまり、**自分が持っていないものを持っているというフリをしたり、まだなっ**

ていない今の自分とは違う人間であると思い込んだりすることで、鏡に映った反射を映像に変えることができるのです。

たとえば、あなたは自分の家を持ちたいと思っています。それなら、まるで家があるかのように、家具やインテリア用品を見て回ってください。あるいは、お金持ちになりたいと思うなら、高価なもの、たとえば車、ヨット、スパリゾートなどを見に行ってください。自分の人生に豊かさを取り入れてみましょう。スターになりたいと思うなら、すでにスターであるかのようにふるまって、少なくとも想像上の世界では、そんな生活を送ってみてください。

ゲームや自己欺瞞のように感じても心配しないで。そのゲームに真剣に取り組んでいれば、現実はあなたを真剣に受け止めざるを得なくなります。つまりは、現実は鏡なのですから。忘れていましたか？　あなたがすべきことは、**「もし自分がその欲しいものをすでに手に入れていたり、なりたい自分になっていたりしたら」という気持ちを今ここで感じること**です。フリをして、そのフリの中で生きるのです。ゲームをするのです。ただし真剣にね。これは決してジョークではありませんよ。

さて、次はどうなるでしょうか？

ゆっくりとですが、**現実の様子が、あなたが信じているものに同調していきます。**

現実は幻想を作るのが好きですが、幻想を押しつけられる状態に耐えられません。現実は、あなたが作り上げた幻想を現実にする方法を見つけていくのです。

LESSON
26

鏡への反射を構築する

狡猾な偽善者さん、腹黒い役者さん、映画の中を生き生きと自由に歩き回るということは、単なるハッタリではなく、仮面劇であることはもうわかっていますよね？

- 操る人は、他人の意識を操作することで、その人生をコントロールする。
- ちゃんと自問しなさい。「誰が、どんなふうに得をするのか」。
- 現実は映画であり、立体鏡であるというわかりにくい二面性がある。
- あなたは鏡の向こう側とこちら側に同時に存在している。
- 自分が望むものをすでに持っていて、なりたい自分になっているかのように感じて、フリをしなさい。

◉現実はしだいにあなたの「思い込み」と同調するようになる。

つまり現実とゲームをするのです。そのゲームはリアルなものであり、真面目なものです。そう、これは仮面劇なのです。現実にはさまざまな顔があり、あなたにも現実への自分の仮面があります。**「フリをすること」と「プレゼンス」、「起きるにまかせること」と意識を向ける先、観察と構築、映像主体と鏡への反射。**これらは、ある意味、すべて作り物であり、別の意味では、まさに現実なのです。

前回のレッスンで話したことの意味について、もう少し詳しく説明しましょう。自分がまだ持っていないものを持っているように見せかけたり、自分がまだなっていない誰かであるようなフリをしたりすることで、鏡に現れている姿を映像主体に変えることができるということです。

ということは、あなたは主体となる映像だけでなく、鏡に映った姿をも作り出せることになります。**第1のケースでは映像が鏡に映った反射として現れ、第2のケースでは、逆に鏡に映った反射が映像に取り込まれていきます。**

なぜ一方が他方に現れるのか、なぜこのプロセスは双方向なのか。それは、立体鏡の中では、映像と鏡への反射が同時進行だからです。映像とは、現実に影響を与える能力を指し、あなた自身であり、あなたの思考と行動のことです。鏡に映し出された反射とは、あなたとあなたの周りの環境、つまりあなたの物理的な現実のことです。

第1（直接的な）プロセス：あなたがすることはあなたに返ってくるものであり、あなたが与えるものはあなたが受け取るものです。そしてあなたが誰であるかは、あなたが持っているもので決まります。

直接的結果：鏡への反射として映像が現れます。あなたが現実にメッセージを発信することで、映像主体が構築されます。あなたが与えるものを、あなたは手にするのです。

第2（逆方向の）プロセス：現実もゲームのようなものなのです。あなたがそのフリをすれば、手に入り、誰かの真似をすれば、あなたがその人になるのです。

間接的結果：鏡に映ったものが映像主体に取り込まれます。見せかけたり、フリをしたりすることで、あなたは鏡に映った反射を作り出します。あなたがその人のフリをすれば、実際にあなたはその人のようになれるのです。

鏡を使ったこれらのやり方を、ここでは**「主たる自分を構築する」**という言葉で表現しています。

現実を作ることと、映像主体や鏡への反射を作ることとの違いは何でしょうか？それは、現実を構築するときには、これからやってくるコマに光を当てますが、映像や鏡への反射を構築するときは、あなたは鏡を使って作業しているということです。つまり、現実の異なる側面を利用しています。**最初の場合は、現実が映画である側面を、2番目の場合は現実が鏡である側面を使っています。**メカニズムはそれぞれ異なりますが、結果は同じです。あなたの望むものが物理的な現実に現れます。

フリをすることで、物理的な現実の中で本当にそれが奇跡のように実現するのかと疑わしく思うかもしれません。でも、心配しないで、私のかわいい臆病者さん。現実はとても柔軟で、それを実現する方法を自分で見つけるでしょう。なぜなら、現実というのはさまざまなバリエーションのある映画だからです。また、現実は幻想的な鏡でもあり、幻影そのものなので、コントロールできるものなのです。あなたがすべきことは、現実の性質を理解して、それを正しく活用することです。

第1の必須条件：真剣にゲームに取り組むこと。

優れた俳優が役を演じるとき、彼らはその役になりきり、文字どおりその登場人物を生きます。役を演じるということは真剣なゲームです。あなたは、その逆のプロセスをたどるのです。現状に満足していないという登場人物から、想像上の登場人物の役を演じる俳優になるのです。そして、その役になりきることで、純粋にその存在に変化していくのです。これは鏡に映った反射が、映像主体に変わるという逆方向のプロセスです。

第2の必須条件：ゲームに一貫性を持たすこと。

現実という鏡は瞬時に反応するものではありません。時間的に遅れがあるので、変化を起こすためには、目的を持って、計画的に、そして定期的に行動しなければなりません。現実と遊び始めたら、忍耐強くなければなりません。最初のうちは、すぐに結果が出ることを期待せず、とにかく手探りで行動する必要があります。結果は確実に現れますが、それは、あなたのゲームを観察している現実が、あなたより先に耐えられなくなった場合のみです。

鏡に映った姿を構築するということは、現実に対して自分の幻を作ることです。欲しいものがあれば、それをすでに持っているかのように装い、なりたい人がいれば、すでにその人であるかのようにふるまうということです。その役になりきり、真剣に演じきり、プロの俳優のように生きるのです。思考の中で、仮想空間の中で、そして可能であれば行動や現実の中で、自分が作り出した幻影を自分自身が完全に信じるまで、それを実践してください。あなたが信じれば、現実もそれを信じるようになります。そうすれば、奇跡が起こるのです。

そしてこの**反射構築メソッド**を、何度も何度も繰り返し実践するのですよ、私のかわいい退屈な人。

1　自分の思いに気づく。「あれが欲しい」「こんなタイプの人になりたい」。
2　プレゼンスを得る。望むことは無駄なので、構築していく。
3　望みを叶えたかのように、ふるまう。

具体的にどのようなフリをするかは重要ではありません。それは自分で決めてください。創意工夫を凝らすことです。私のアドバイスはいらないでしょう。あなたがクリエイティブになればなるほど、効果があります。

映像を構築するテクニックは、主に人との関係で使われ、鏡に映った姿を構築するテクニックは、主に現実との関係で使われます。人間関係ではフリをせず、誠実に、ありのままでいることがいいのです。しかし、現実という鏡の前では、好きなだけフリをしてもいいのです。もちろん、**現実感覚を失いすぎないという限度は必要ですが。**

鏡、そしてこれからやってくるコマと遊ぶだけでは十分ではありません。現在の映画のコマで、ゴールを実現するために必要なことはすべて行ってください。つまり、具体的な行動を起こす必要があるということなのです。夢を見ながらソファで横になっているだけではダメなんですよ。

LESSON
27

運命的なジレンマ

前回のレッスンでは、神々しくて素晴らしい私が、取るに足らない憎らしいあなたに、**現実そのものがイリュージョン**であると伝えました。それは、まがい物という意味ではありません。現実自体はリアルなものです。あなたにとって、現実がとらえどころなく、コントロールできないのは、あなたが現実の特性やそれを利用する方法に気づいていないからです。

それは、自分が馬に乗れることを知らないのと同じです。もしあなたが馬に乗らなければ、馬は勝手に走り回って、あなたのものとはなりません。現実も同じです。あなたのものとならず、コントロールができません。何もできないのです。しかし、あなたがその特性に気づき、それを利用すれば、幻影はあなたの意思に従うようになり、あなたのものとなります。


◉映像とは、あなたの思考と行動を表したものであり、そちらが本体である。

◉鏡に映っている姿とは、あなた自身であり、あなたの環境であり、今の人生である。

◉メッセージを発信することで、映像は構築される。あなたが与えたものが、あなたのもとに返ってくる。

◉見せかけやフリをすることが、鏡に映る姿を構築する。

◉持っているフリをするとそれが得られ、その人のフリをしているとあなたはその人になる。

◉前提条件：これはゲームだが、真剣にプレーされるべき体系的なゲームである。

◉映像が鏡に映った姿となり、鏡に映った姿が映像本体に取り込まれる。


あなたの思考と行動のあり方が人生全体に影響を与え、人生が行動と思考に影響を

与えるという意味で、それらは双方向です。そのプロセスをそのままにしておくと、たいていの場合、あなたとあなたの人生は徐々に悪いほうに向かっていきます。というのも、人生なんてそんなものだと観察していると、自分の思考がより悲惨なものになり、そして思考が悲惨になればなるほど、人生も悪化するという循環に陥ってしまうからです。

これがきわめて重要なジレンマなのです。幸せで美しくなりたいのか、それともカバに喰われたいのか。カバに喰われたくないなら、急いで！　もう苦しむのをやめて！　悩まないで！　構築するのです！　自分で作るのですよ！

あなたは映像、鏡面での反射、そして現実を状況に応じて別々に構築することもできるし、これらのテクニックを統合して構築することもできます。たとえば、ある目標を達成するために、ゴールのコマを体系的に構築し、同時に自分がすでに目標を達成したかのようなフリをし、それと共に自分のすべての思考と行動に満たされているというプラス記号をつけるのです。

すべてのテクニックを統合して使いこなすためには、経験が必要です。経験を積むためには、定期的に、映画の中で生き生きと自由に歩き回る練習を繰り返し行う必要があります。常に自分の状態を把握し、目を覚まし、これらの方法を実践してみてください。

こんなにたくさんの方法が本当に必要なのかと思うかもしれません。でも必要なのです。**それらのたくさんの方法によって新しい習慣が身につきます。**あなたは習慣に支配されています。習慣なしには、自分自身をコントロールできず、結果的に現実もコントロールできません。誰もが自分が身につけた習慣に従って生きています。自分のためになる習慣を作り上げる必要があるのです。

常にプレゼンスを得ることは不可能です。無意識の状態でいると、何をするのも常に習慣で行ってしまいます。つまり、目覚めていない場合でも、正しい行動を自動的にできるようにしておく必要があります。そのためには、少なくとも以下のことをしてみてください。

欲しがる習慣を、与える習慣に変える。
拒否する習慣を、受け入れる習慣に変える。
眠りに落ちる習慣を、目を覚ます習慣に変える。

このように習慣を変えれば、あなたは台本から解放され、映画の中で息を吹きかえし、役立つ行動を自然に行うことができます。「いいマナーよりもいい習慣を」ということわざがあります。最も意味のある習慣とは、「現実に何かを望むのではなく、現実を構築する」ことです。これが一番重要です。そして、ここから派生したもので、それと同じくらい重要なことがあります。

それは……。

怖がるのではなく、構築しなさい。
待つのではなく、構築しなさい。
期待するのではなく、構築しなさい。
嘆くのではなく、構築しなさい。

自分が何かを待っている、期待している、何かに不安や負担を感じていることに気づいたら、すぐに目を覚ましてください。あなたは、自分自身の台本ではなく、押しつけられた外部の台本に導かれていて、苦しんでいるのです。登場人物が筋書きによって行動を制限されているように、あなたも無意識のうちに「自分は自由ではない、現実に依存している、状況で制限されている」と感じています。それをなんとなく感じてはいるものの、完全に理解しているわけではないので、どうすることもできないのです。なので、待ったり、期待したりするしかないのです。

台本から自分を解き放ち、別の映画に飛び移れることを知った今、「待つ」や「期待する」という習慣はまったく意味をなしません。それよりも、目を覚まして、自分が望む現実の姿を描くべきです。それと同じように、自分の不幸を嘆いていても仕方がありません。目を覚まして、その状況からアドバンテージを得なければならないのです。占いも無駄です。目を覚まして、パワーの指示に従わなければなりません。どのような状況でも、それに対応するトリガーや方法があります。

それが起こるか起こらないか、うまくいくのかいかないのかと待つことは、無意味で愚かなことだと心から思うことです。映像、鏡に映った姿、現実をそれぞれに、または同時に、すべてを構築することがあなたにはできるのです。あなたが望むものは何でも構築してください。さあ、自分自身で！　もっと！　どんどん構築して！　そして、同時に、私を褒めたたえるのを忘れないように！　あなたは私のお気に入り！　気になる存在です！　そして、私はあなたのタフティ！　壮大で素晴らしい存在なのですから！

LESSON

28

あなたは素晴らしい

今までのレッスンで、華麗で壮大な私は、役立たずで無作法なあなたの前に立ち、「現実は鏡ではないようなフリをしている」と言いましたね。それは的確な表現です。同様に、現実は映画ではないフリもしているのです。現実はそれをいとも簡単にやってのけます。

あなたの隣人である眠れるカタツムリに、「あなたは映画の中で生きているんですよ」と言ってみてください。あるいは、いつか夢の中で、夢に現れるマネキンたちに、「私は眠っていて、夢の中であなたたちを見ているのですよ」と言ってみてください。カタツムリもマネキンも、言っていることがわからないし、信じることもないでしょう。説得しても意味がありません。まず自分がしっかりと理解するのです。あなたには再プログラミングが必要なのです！

- **外部の台本の言いなりになっていることは感じている。それがあなたの息苦しさの原因。**
- **現実を構築するいくつかの方法は、個別にも使えるし、いくつか合わせても使える。**
- **生き生きと自由に歩き回るには、継続的で体系的なトレーニングが必要。**
- **メソッドを使うことで、役立つ新しい習慣が身につく。**
- **起こるか起こらないかわからないことを期待するのは、無益で愚かなことである。**
- **望んだり、待ったり、期待したりせず、自分の現実を構築すること。**

前回、私たちは非常に複雑なジレンマに頭を悩ませました。不幸そうに生きるのと、喜んで食べられるのと、どちらがいいのか、でしたね。いえ、その選択ではなかったでしょうか？　魅力的なカバと専制的な巫女とではどちらがいいか、ですか？

いや、それも違いますね。勤勉で優しいカバと、邪悪で意地悪な巫女なら、どうでしょうか？　それも違いますよね。もうわかっていると思いますが、私は本当は邪悪ではありません。ものすごく優しいですよ。だって本当は、私自身があなたを飲み込んでしまうこともできるのですから。私は慈悲深く、善良なのです。

惨めで不幸、それがあなたたちなんですよ。それは、なぜか？　なぜなら、あなたの人生で上映されているのは、あなたの映画ではないからです。あなたを嫌いなのは私だけではなく、あなたも自分自身のことを好きではないでしょう？　それがうまくいっていない理由の一つです。

なぜ、あなたの人生であなたの映画が上映されていないのでしょうか？　そもそも人生が映画であることをあなたはわかっていません。原理として理解したとしても、実感するまではいっていません。ですから腹落ちするまで、手のかかる子どものようなあなたに、あなたが映画の中にいることを、私が何度も何度も伝えているのです。

ふだんの生活においては、映画をスクリーンで見ることに慣れていると思います。それでは、あなたが映画の内部にいると想像してみてください。感じてみてください。そこではあなたは台本の言いなりですが、それでも自由にふるまえる可能性があります。**完全にプレゼンスを得て、目覚めることで、現在の台本では予見されていない行動を起こすことができるのです。**それは別の映画のリールに取り替えることです。しばらくすると、あなたは再びその映画の台本の手の内に戻りますが、その取り替えるチャンスを見逃さなければ、そのうちにあなた自身の映画が始まることになるでしょう。

あなたが自分のことを好きになれない理由を説明しましょう。テレビの画面や本の表紙では理想の美しさや成功、幸福が描き出されています。従順なあなたはこれらの幻想に取り込まれ、自分ではない他の何かになろうとし、そのたびに自分は基準に達していないと嘆くのです。実際には、美しさや成功、幸せは決して標準化できるものではなく、人によって異なるものです。それでも、あなたはその幻想を信じて、それに従おうとします。

自分を変えたり、進歩させたりすることが、なぜこんなにも難しいんだろうと思ったことはありませんか？「月曜日から新しく始めよう！」と思っていたのに、実際にはそれができずに、「なぜなんだろう？」と思ったことはないでしょうか？　それはあなたが怠け者だからですか？　いえ、そうではありません。台本どおりだからです。**あなたが新しいことを始めたくなったからといって、台本自体が変わる必要はありませんよね。**あなたは自分の思ったとおりに進みたいと思っていますが、その道は台本には書かれていないので、台本にはなんの影響もありません。

あなたは映画館を出たときに、気分が高まって、「私にもできる！」とか「あの人のようになるんだ！」と何度も思ったことでしょう。そして、時には、ある人の真似をしようとすることもありますが、最終的にはその人のようにはなれません。それはなぜでしょうか？　それは、その人のようになりたいと思っていても、真似をする正しい方法、つまり**「フリをするやり方」**についてきちんと知らないからです。それは正しく実行されて初めてうまく機能します。

まず原理的に何ができるのかをしっかりと理解しておく必要があります。それは、**現実を構築するだけでなく、自分自身、つまり自分の新しいマネキンを作ることも可能だ**ということです。そして、同時にマネキン自体も変化していくのです。「映画を取り替える」と「鏡に映った姿を変える」を順番にやっていくことで、あなたは変わり、夢見ていた自分になっていくのです。

疑い深いあなた、まだ信じられないですか？　それはあなたが今まで似たようなことを試してみてうまくいかなかったからですよね。あなたがいつも失敗してきたのは、空回りするしかないやり方でやっていたからです。自分の姿を華々しく夢見ますが、それでは効果がありません。もうわかっていると思いますが、三つ編みを使う必要があるのです！　あなたは今まで自分が憧れている人の姿を真似しようとしたとしても、それほど真剣には取り組んできませんでしたよね。それは、鏡への反射を本当に構築できると思ってもいなかったからですね。そして、結果が出ないと言ってはすぐに諦めて、繰り返してやってみようとはしませんでしたよね。

自分を改善したり、作り直したりすることは現実的に可能ですが、そのためには私の言うことを聞いてください。鏡の向こう側から映像を構築することで、あなたは素晴らしい存在になることができます。また現在のコマで自分を構築することによっても、あなたは素晴らしい存在になれます。そして、そのようにして自分を構築しながら、同時に自由に動き回り、望んだ映画に移動して、人生を素晴らしいものに変えることができるのです。本当にうらやましい！　私がなぜこんなことを教えているのかしら？　と思うほどです。

これが、現実の動かし方である**「総合散策メソッド」**です。

1　新しい現実と自分を構築する。
2　その現実がすでに実現していて、そこに新しい自分がいるフリをする。
3　そして、もちろん行動し、創造し、内なる創造主の光を輝かせる。

これは以前に話したことですよね。それらは映画の中であなたができることです。これから来るコマを構築し、主たる自分を構築し、現在のコマで自分を構築する。それを一貫して、比較的長い期間（つまり、ずっと）、真剣に、トレーニングするのです。そうすれば、映画が変わり始め、鏡に映った姿が変わり始め、あなたのマネキンとあなたの人生は変わり始めます。その変化は目に見えるものになります。疑いようもありません。

LESSON

29

あなたは完璧

さあ、私の親愛なるあなた、これで少しは理解できましたか？　もし、今、あなたが不幸せで、不運で、誰からも愛されず、誰からも必要とされず、状況が絶望的で出口なんか見えないと思っているなら、これだけは知っておいてください。それは、そこから逃れる方法はあるということです。

他人のことをうらやんだり、自分に落胆したりしないで、ホタルのように輝き、内側から自分を動かしましょう。現実は自分の力ではどうにもならないものだと思わないで、新しく構築しましょう。これから来る現実は三つ編みを使って構築し、今の現実では自分（映像と鏡への反射）を構築するのです。

- 自分を好きになれないのは、他人の「基準」と自分を比べてしまうから。
- 美しさも、成功も、幸せも、人それぞれ。
- 自分を作り変えるのが難しいのは、台本に従っているから。
- 自分の願望は台本に書かれていないので、台本に影響を与えられない。
- 鏡への反射を構築することで、自分（マネキン）を変えることができる。
- 構築し、歩き回る。それが一貫して、常に真剣に取り組むべき統合されたテクニック。

前回のレッスンで学んだことは、自分の現実を構築するだけでなく、自分自身、つまり自分の新しいマネキンも構築することができるということでしたね。もしあなたが眠りに落ちていなければ、それを聞いて驚いていることでしょう。さて、「新しいマネキンを構築する」とは、どういう意味だったでしょうか？

思い出してみてください。永遠の保管庫に保存されている映画の中には、あなたのマネキンがあります。夢の中でその中の映画の一つを見るとき、あなたの意識は自分のマネキンを見つけ出し、そのマネキンには命が吹き込まれて、動き出します。その夢を見ている間はずっと、自分の数多くの**バリエーションの一つ**として、あなたは夢の中のマネキンの一つを占有するのです。

同じことが、物質的な現実、つまり、あなたの日常生活という映画の中でも起こっています。新しい映画で、あなたの意識は次のバージョンのマネキンに入り、そのマネキンに命が吹き込まれ、現在のコマのあなたになっているのです。

以前、「夢を見ているときに鏡を見たら、自分を認識できないかもしれない」と言ったことを覚えていますか？　今のあなただとすぐにわかる一つのマネキンだけではなく、マネキンにはたくさんのバリエーションがあり、それぞれの映画にはそれぞれのマネキンがあります。近くに保管されている映画では、今のあなたとほとんど同じで、見分けがつきません。しかし現在の映画から遠く離れた場所に保管されている映画では、今のあなたとはまったく異なった様相をしています。

昔は若かったのに年をとったとか、以前は痩せていたのに太ってしまったとか、そういうことではありません。マネキンは非常に短い期間で変わることができます。外見的にも見違えるようにすばやく変化できるのです。また、自信、魅力、コミュニケーション能力、勇気、知性、プロ意識などの資質やスキルも変えることができます。

そのやり方を解説する前に、言っておきたいことがあります。自分を変えるというのは、自分を拒絶して、古い自分を切り捨てることではありません。それは今の自分がよくて、まったく変わる必要がないと思っている稀な例外の人であっても、自分を向上させることを意味します。たとえ今の自分のことをいいと思っていても、自分を成長させ続けなければ、ただどんどん劣化するだけなのです。

自分の核となるアイデンティティ、信念、人生哲学を変えることなく、自分を変えなければなりません。よりよい人間になることは、あなたのアイデンティティに関して妥協することではありません。本来の自分を保ちながら、自己向上に取り組むことです。それは自分を作り変えるというよりも、自分を創造する、つまり**創造主の輝きを放つ**、ということです。他人の基準に無理やり合わせるのではなく、自分の「基準」を作れば、他のカタツムリが羨望のまなざしをあなたに向けるようになります。自分の**独自性**を受け入れればいいのです。独自性というものが、あなたの持っているものすべてだったとしても、たいていの場合、それだけで十分すぎるほどなのです。

同じものが他のどこにもないため、独自性自体が完璧なのです。どこにもない、他の誰も持っていないものに、価値がないわけがないではありませんか。それが優位性です。あなたはそれを使ってもいいし、埃をかぶった古い食器棚の奥にしまい込んでもいいのです。すべては選択の問題なのです。

しかし、自分が映画の中にいることを意識することが簡単ではないように、自分が唯一無二であり、もう十分であり、完璧であるということをそのまま受け入れることは簡単ではありません。自分の大嫌いだと思うところが、実は自分の強みになる可能性があると気づくのはなかなか難しいことです。

たとえば、外見や性格、態度など、世間の基準から見れば、「短所」とされる部分があなたにはあるかもしれません。しかし、すべての短所には逆の側面があります。短所を受け入れれば、それは貴重な個性となるのです。反対に、短所を受け入れず、それに対抗すれば、その短所は欠陥となります。そしてそれは、そのまま他の人にその短所をどのように認識されるかに関わってきます。貴重な資質として受け取られるか、あるいは欠陥として受け取られるか、です。

創造主が意図したとおり、あなたは完璧です。**完璧とは、その人が本来の自分と調和して、独自性を体現しているということです。**受け入れることで、調和が生まれます。その逆も同様です。否定すると不調和が生まれ、誰もがそれに気づきます。

なので、自分の短所を急いで取り除く前に、もっとよく見てみましょう。もしかしたら、自分の短所を受け入れれば、それは独自性のある強みになるかもしれません。他人が思う「標準」にはこだわらずに、しっかりと自分を見てください。少なくともこの2、3日はリラックスして、あなたらしさを受け入れてみてください。そして何が起こるか、自分で確かめてみてください。もしかしたら、今のままの自分が好きになるかもしれません。

もちろん、短所と明らかな欠陥を見分けることは必要です。たとえば、自分の健康や評判、または他人に直接、害を与えたりするような明らかな悪癖や欠陥は、根絶しなければなりません。それが何であるかは明らかであり、ここで説明する必要はないでしょう。

それ以外の場合には、**自分の短所と闘うよりも、自分の長所を伸ばしたほうがいい**のです。肉体的なものも含めて、なくすことのできない自分の欠点に目を向けても、状況は悪くなるだけです。自分を向上させることによって、その欠点を取り除くことができるのであれば、そうしてもいいでしょう。ただ、それは本当にあなたがその短所をなくしたいと思っている場合のみです。そうでなければ、悩まずに自分の資質を高めることに集中しましょう。そうでないと、あなたの人生は絶え間のない闘いになってしまいます。

自分の欠点をなんとかしてなくそうとするよりも、今持っている資質を伸ばすほうがはるかに効果的です。そうやって長所を伸ばすことによって、ほとんどの場合、短所は消滅するか、自動的に取り除かれます。そうすれば、自分の欠点に悩むことが自然になくなっていくでしょう。

LESSON 30

トリプル・アクション

うっかり者のおバカさん、きっとあなたは自分が偉大だと思っていることでしょう。違いますよ！　私こそが偉大なのです！　でも、あなたもそうなれます。そうなるのだと自分で思う図太さがあれば。どんな人間になりたいかは、自分自身で決めることです。あなたにはそうする能力が十分にあるのですから。私がその方法を教えます。そうすれば、あなたは誰よりも幸せで美しい人になれるでしょう。私はタフティ。あなたの巫女。そのためにここに来たのですから。

◉あなたは、たくさんバリエーションがあるマネキンの一つの体の中で生きている。

●あなたは自分らしさを保ちながら成長しなければならない。真の自分を裏切ることなく変化すること。
●独自性があれば、たいていはそれだけで十分である。
●短所はなくすか、受け入れるかのどちらかである。
●自分の短所を受け入れると、それが長所に変わることがある。
●自分の欠点と闘うことなく、自分の優れた素質を伸ばしなさい。

自分のマネキンを構築する方法を説明する前に、なぜマネキンを構築する必要があるかを説明しましょう。これはとても重要なことです。愛しい人、もう少しの辛抱です。大丈夫、すべてわかるようになりますよ。

100％確かな公式が一つあります。それは、**「欠点も含めてありのままの自分を唯一無二の奇跡だと受け入れ、自分自身と今ある人生を楽しもうと決めれば、人生はうまくいく」**というものです。あなたが自分自身と人生を楽しむことができれば、あなたも、あなたの人生も、すべて自動的によくなっていきます。

しかし、これを実現するのはかなり難しいのです。生まれてからずっと、あなたはさまざまな型や基準、伝統的な規範や制限などを押しつけられてきました。この重荷から解放されるために、あなたが取るべき具体的な行動は3つあります。頭の中で考えるだけでは、この重荷を取り除くことはできないのですよ。

1つ目は、自分の欠点に目を向けないこと。**自分には何かが欠けているといった考え方に飲み込まれないように。**それはとても破壊的な考え方です。そうすると欠点は強調され、さらに悪い結果につながります。もっと別の状態、より建設的な状態にシフトしなければなりません。2つ目の行動がそれを助けてくれるでしょう。

2つ目は、あなたをかきたてるような、熱くなれるような、あなた自身や周りの人に利益をもたらすような人生の目標を持つことです。人生全般にむなしさを感じているのであれば、それは目標を持っていないからです。言い換えると、目標がないと、人生にむなしさを感じるということです。目標がなければ、願望もなく、努力する対象がなければ、人生に動きは生まれません。動きがなければエネルギーもなく、エネルギーがなければ人生もありません。だからこそ、**自分の本当の目標、人生の目的を**

見つけて、それに向かって動き始めなければならないのです。人生の目的がなければ、「あなた」は存在しません。あなたは空っぽのスペースでしかないのです。まだ人生の目的を見つけていない人は、3つ目の行動がその助けとなるでしょう。

3つ目は、人生の目的がまだわからなくても、**自分を向上させること、高めることに集中する**ことです。常に自分にフォーカスを合わせてください。自分の中の創造主の輝きを放ち、成長と自己改善に取り組むのです。そうすれば、次の3つの成果がすぐに得られるでしょう。1つ目は、欠乏意識から抜け出す、2つ目は、人生の目的を見つける、3つ目は、人生の目的を達成する、です。

もしかして、別の何かを期待しましたか？　魔法の杖なんてありませんよ。三つ編みはありますが、それを使って自ら働きかけなければなりません。ソファで寝転んでいるだけでは自分の目的は実現しません。自己成長は、常に価値のある目標であり、道のりです。その道のりの中に人生の目的があり、自然に見つけられます。一度見つけることができれば、誰もあなたを止められません。発展と衰退のどちらかしかないことを、しっかり覚えておいてください。

自己成長を面倒な義務だとか、手のかかる作業だとか考えないでください。その逆なのです。停滞、無気力、怠惰を経験するほうがはるかに大変です。**自分を高めることは、面倒なことではなく、もっと楽しいことのための楽しい準備なのです。**パーティーに行くときには、準備をして、おしゃれに着飾りますよね？　今日はパーティーです。そして、明日、1カ月後、1年後に訪れるパーティーのためには、一度だけの準備では十分ではありません。

まとめるとこうなります。偉大な人間になり、自分の人生を純粋に素晴らしいものにするためには、停滞と劣化の状態から抜け出す必要があります。その状態から出るためには、自分の人生の目的、真の目標を見つけ、それに向かって歩き始めることです。人生の目的は、自己実現への道です。人生の目的がなければ、人生はただぼーっと過ごす時間となります。あなた自身が人生の目的がまだわからなくても、あなたの中で眠っている創造主の輝きは知っています。**その輝きを放つ必要があるのです。**光を輝かせ、自分自身に働きかけることで、あなたは3つのことを達成できます。それは「欠乏意識から抜け出す」、「人生の目的を見つける」、「人生の目的を達成する」です。

これが、自分の現実を構築するとともに、マネキンを構築する必要がある理由です。「総合散策メソッド」を思い出して、実践してみてください。そうすれば、人生はうまくいくでしょう。

人生の目的以外に、このメソッドに従ったほうがいい理由が他にもあります。自己成長は動きを生み出します。繰り返しますよ。動きがなければエネルギーもなく、エネルギーがなければ人生もありません。命は自然に消えていきます。メタパワーを引き起こすには、十分な量のパーソナルパワー、つまりエネルギーが必要です。**動きがあると、自己成長につながるので、エネルギーを受け取ることができる**のです。

どのような方向に自分を成長させるべきかを、自分自身以上に知っている人はいません。自分がどのような方向に進むべきか、まだはっきりとわからないなら、問いを立て、**「成長する」という目標**を立ててください。そうすれば、その答えはいつかやってくるでしょう。

人生の目的に関して、他にも考慮すべき細かな点があります。

1　心の声に従う。確かに自分独自のものと、そのようには見えるけれど、そうとははっきりと思えないものを見分けてください。

2　人の足跡をたどるのではなく、自分の道を歩く。他人の経験をそのままなぞろうとしてもダメです。自分の独自性を十分に発揮しましょう。

このテーマで一冊の本が書けるくらいです。そうです！　あなたは、この本以外にも他の本を読まなければなりません。怠けないで、しっかり学ぶのですよ。カタツムリのままで、一生いたくはないでしょう？

LESSON

31

あなたの天才性

私があなたを嫌いだと言ったことがありましたっけ？　それはあくまで冗談ですよ。あなたは私のお気に入りなんですから。私のかわいいペットちゃん、私を失望させないで。私もあなたを失望させませんから。

- 何か足りないものがあると悩んでいてはいけない。
- 自分の本当の目標、人生の目的を見つけて、それに向かって動き始めること。
- 人生の目的は、あなたを奮い立たせ、あなた自身だけでなく、他の人にも利益をもたらすものである。
- 人生の目的は、自分ではわからないかもしれないが、創造主の輝きが知っ

ている。その輝きを際立たせること。

- **自己を成長させることは、停滞から脱し、人生の目的を発見し、実現することに役立つ。**
- **動きや成長がなければ、メタパワーを生むエネルギーを得られない。**

あなたは、よりよい人になりたいですか？　肉体的にカッコよくなり、魅力的になりたいですか？　スキルや才能をもっと伸ばしたいですか？　そんなのめんどくさい？「そうしたくない」とはどういう意味でしょうか？　自分の姿を見てみなさい。萎えた足、おかしな角、ぷっくりしたお腹、いつも何か食べ物を探している口……。

そうだとしても、あなたは完璧です。なぜなら、あなたの中に創造主の輝きが存在しているからです。あなたは自分の完璧さを発揮しなくてはなりません。つまり、その輝きを放つということです。あなたの完璧さがどのような形で現れるかは、あなたの個性によります。そして完璧さが現れるかどうかは、あなたの意図によります。

たとえば、「美しい体を手に入れたい」「魅力的な性格に変わりたい」「特定の分野で良く稼げるプロになりたい」と考えたとします。それはつまり、**根本的に異なる映画にいる、より完璧な自分のマネキンの体に入る**ということです。それにはまず、そんなマネキンと映画が存在することを疑わないことです。あなたがすべきことは、そこに到着することです。この目標は、「現実を構築する」「主たる自分を構築する」「現在のコマで自分を構築する」という3大原則によって達成されます。それでは、そのやり方を個別に見ていきます。

1　現実を構築する。 三つ編みの助けを借りて、欲しいものをすでに手に入れている現実、なりたい自分にすでになっている現実を構築します。**新しい現実の中で、新しい自分を構築するのです。** 文字どおり、これを1日のうちに数回、あるいはそれ以上行います。プレゼンスを得て、三つ編みを起動させて、その三つ編みの感覚を失わずに、あなたが望む場面（最終結果・ゴールシーン）を、できるだけ思い浮かべ、言葉で表し、視覚化してください。リラックスした状態で、1回につき1分以内でこの作業を行います。このテクニックを効果的にするためには、無理な努力ではなくメタパワーが、そして緊張ではなく集中力が必要です。

しっかりと目標を設定して、能力を無駄にしないで。最初から大きな夢を持ち、視座を高くするのです。自分の中の天才性を呼び覚ますような目標を設定してください。特定の分野での天才、あるいは生き方に対しての天才になるのです。そうすれば、**それがどんな能力かにかかわらず、あなたは輝き始めるでしょう。**

そのうえで、もし自分が惹かれるものにまったく適性がないのなら、それが本当に自分の道なのかを考えるべきです。しかし、あなたが心の底から望んでいて、その目標が基本的に達成可能なものなら、実現しない理由はありません。とにかく、根気強さが大切です。新しい現実の中で新しい自分を継続して構築することです。あなたの中には創造主の輝きがあり、その輝きを放つことで、自分を最高傑作に変えることができるということを忘れないでください。

しばらくすると、今までできなかったこと、そんなことができるとも思わなかったことが、できるようになっているのがわかるでしょう。これにはあなたも驚くでしょうが、別にそれは不思議なことではありません。**奇跡ではなく、ただのテクニックなのです。**あなたの独自性が輝く現実を構築することで、あなたはその映画に移動し、素晴らしいことを成し遂げるのです。繰り返しますよ。その理由は、あなたがそのための才能を持っていたというわけではなく、それが台本の特性だからなのです。

つまり、今の自分にはないもの、考えもしなかったものが、他の映画にはあるということなのです。そこでは、新しいマネキンの中で新しい能力が発揮され、あなたのアイデアを実現する手段が見つかります。眠りに落ちないかぎり、その様子を目にすることができるでしょう。

2　主たる自分を構築する。

人間関係において「自分を構築する」ということは、映像主体を構築することです。そして、自分の日常生活の現実においての「自分を構築する」の意味は、鏡への反射を構築することです。一般的な意味での「自分を構築する」とは、自分の動機や行動に対して常に意識的であることです。

意識せず、台本どおりに動いていると、鏡に向かって他人に出すメッセージはすべて「ちょうだい、ちょうだい、ちょうだい」となり、現実に関するものは「欲しい、欲しい、欲しい」になってしまいます。それでも、あなたは台本から解放されるタイミングがやってきます。そんなときには、プレゼンスを得て、**映像構築メソッド**や**反**

射構築メソッドを思い出すのです。

周りの人との関係性においては、すべての「ちょうだい」を「あげる」に置き換えてください。辛抱強く練習しているうちに、このやり方は習慣となり、あなたの印象を変えるようになります。その習慣がマネキンの一部を構築していくので、偽らなくても自然と魅力的な性格になっていくのです。自分自身の変容とともに、今まで悩んでいた問題が自然と消えていったり、解決したりするのがわかります。「映像を構築する」のレッスンをよく読んでください。そこでは、多くの「ちょうだい」をそれに対応する「あげる」に言い換える例を載せています。

現実についても同じことが言えます。何が起こったとしても、あなたには**コマ照射メソッド**や**アドバンテージ・メソッド**、そして**アローイング・メソッド**（起きるにまかせる）と**フォロー・メソッド**（手放して流れに乗る）があります。そして、ネガティブな考えやメッセージは、ブーメランのように自分に返ってくることを忘れないでください。自分自身のために、**マイナス記号（不足）をすべてプラス記号（十分ある）に変えてみてください。**そうすることで、あなたの新しいマネキンを構築する習慣が身につくことでしょう。

もし今すぐに、自分が与えられるもの、現実に向けて発信したいメッセージが何も思い浮かばない場合、どうすればいいのでしょうか？　そんなときに役立つのが、**「フリをするテクニック」**です。自分が今、持っていないものをすでに持っているようなフリをしたり、なりたいけれどまだなっていない自分にすでになっているようなフリをしたりすることで、鏡に映った姿が映像になります。現実とは、そういったゲームでしたよね？　あなたが持っているフリをすれば、あなたはそれを手にするようになり、ある人のフリをすればその人のようになるのです。鏡に映ったものは映像へと流れていきます。このフリをするテクニックについては、次のレッスンでより詳しく説明します。

LESSON

32

フリをするテクニック

親愛なるあなた、いろんなメソッドを使うと、結局は機械じかけのマネキンになってしまうのではないかと思っているのではないでしょうか？　心配しないで、私のかわいいせっかちさん。空っぽ頭のあやつり人形よりも、よい習慣を持つゼンマイで動くマネキンのほうがずっとマシですよ。

◉新しいマネキンは、「現実を構築する」「主たる自分を構築する」「現在のコマで自分を構築する」という3大原則で作られる。

◉三つ編みを使って、新しい現実の中で、新しい自分を構築する。

◉持っている能力をしっかり使って。でも目標は現実的に。

- 今までできなかったことや、できるはずがないと思っていたことが、すぐにできるようになる。
- 新しい能力は、新しい映画の中で登場し、発揮される。
- あなたのアイデアを実現するための方法や手段は、自然に見つかる。
- 「主たる自分を構築する」の意味を説明した項目を何度も読むように。

前回のレッスンの最後に、「フリをするテクニック」を使えば、自分がまだ持っていない資質を身につけることができると言いました。「美しい体を手に入れる」「感じのいい魅力的な人になる」「何らかの分野でよく稼げるプロフェッショナルになる」という目標を思い出してみましょう。今はまだなっていないかもしれませんが、なっているように見せかけることは、すぐにでもできます。そうすれば、もうわかっていると思いますが、現実は、あなたが創造した幻想を物理的空間に具現化させる方法を見つけていきます。

今のところ、これは「フリをしている」というただのゲームなのですが、それでもそれらのポジティブな特質をすべて持っていると想像してください。そして、それらの特質を持っている他の人々を観察してください。特に自分自身のイメージがなく、それがどのようになるかわからない場合、最初は、彼らがどのようにふるまっているかを真似てください。最初のうちは、他の人がやっていることを参考にすればいいのです。後になって、自分の個性が色濃く出てきます。

他の人のいいところに注目しましょう。その人が自分と違う分野にいてもかまいません。その人たちの素晴らしさから学べるのです。「私もあんなふうになりたい！」「あんなふうに輝きたい！」と思うようなことや、憧れている人はいますか？　いるなら、その素晴らしさに触れ、それを自分の人生に取り入れて、映し出すことが重要です。三つ編みを使って、そう宣言してください。細部までコピーしようとするのではなく、輝きを映し出せばいいのです。輝きを映し出すことが重要で、具体的な形が重要なのではありません。

ここで強調しておきたいのは、その人のすべてを真似る必要はなく、**その人の雰囲気や全体的な空気感**を真似ればいいということです。とにかく、あなたは気分がいい状態でいるだけです。「美しい体」「魅力的な性格」「よく稼げるプロ」。それが本当なら、あなたはどのように感じるでしょうか？　それを感じることが、この練習では大事です。どんな気持ちになるかがわかったら、手にしようとしているものをすでに持っているかのように行動してください。

思考で仮想現実を作りましょう。その仮想現実を、折に触れて三つ編みで照らしてください。そのビジョンをより頻繁に思い出し、バックグラウンドで再生することを**継続して**行いましょう。あなたの肉体や他のすべてのものが完璧には程遠いとしても、あなたはその感覚を生きることができます。まずは、その感覚に慣れていってください。

それはただフリをしているということでしょうか？　そうです、フリ以外の何ものでもありません。しかし、あなたのやり方が真剣で一貫性があるものであれば、現実はそれを真剣に受け止めます。現実は、自分で作ったものでなければ、イリュージョンのままであることを許しませんから、あなたが作るイリュージョンは、物理的空間に現れるか、もしくは破壊されます。大丈夫、愛しい人。あなたが無謀なことをしたり、やりすぎたりしないかぎりは、壊される可能性が非常に低いです。子どもでさえも、ゲームは単なるゲームであることを知っていて、現実感の範囲内で遊びますよね。

ゲームの中で、現実での限界を簡単に感じ取ることができるでしょう。そうですね、たとえば魅力的な人格なら演じることはできますね。特に映像構築メソッドを身につけていれば、難なくこなせるでしょう。しかしバレエの舞台でバレリーナのように踊ったり、アイスホッケーのピッチに出てプロ選手のようにプレーしたりすることは、当然ながらしたことのない人にはできません。なぜならそれができる映画にはまだたどり着いていないからです。だからといって、「フリをする」ゲームの効果が落ちることはありません。時間がかかるというだけです。そのために、3番目の行動が必要となります。

3　現在のコマで自分を構築する。現実的になることが大切で、ソファに寝転がって夢を見ているだけでは十分ではありません。私たちは二重の世界に住んでいるので、物質的空間でも映像に相当する行動を取らなければなりません。今の映画のコマの中で、目標を達成するためにあらゆることをして、新しい自分を形作っていきましょう。三つ編みの力や鏡という現実の側面に頼るだけではなく、**具体的な運動や勉**

強、食生活や生活習慣の改善など、肉体的な面においても自分を高めていく必要があります。これらは譲ることができない必須条件です。

自己成長の道に踏み出せば、何を、どのようにすればいいのかがわかるようになります。必要な情報があなたのもとに届くのです。そして、そうやって自分を向上させていけば、人生の目的が明らかになっていくと知っていることがとても大切です。自分の人生の目的は何なのか？　それは何に関するものか？　どうやって見つけるのか？といったことにいくらでも頭を悩ませることはできます。しかし、自分を構築するという目標に取り組めば、その答えは自然な形で現れてきます。

人生の目的を実現するための方法や手段についても、心配する必要はありません。それらはこれから到達する必要な別の映画上にあるので、今はそれを想像できないだけなのです。「現実を構築する」「主たる自分を構築する」「現在のコマで自分を構築する」という3大原則を行えば、まちがいなくその映画に到達します。あなたの競争相手はたいてい一つの行動（たいていは3番目）しか使わないので、あなたはかなり有利です。多くの人が一つの行動だけにかなりの努力を費やしますが、何も効果は得られません。

1番目のやり方、2番目のやり方、3番目のやり方、どれが一番効果的でしょうか？　それは状況によります。平均的にはどれも同じくらいの効果がありますが、3大原則を個別に実践するのではなく、合わせて実践すれば、その結果は100％確実です。どんな場合でも、この3つの方法は、あなたの現実が進んでいるコースを修正してくれます。そして、人生の全般の問題が解決されるようになるでしょう。

それにはどのくらい時間がかかるでしょうか？　答えは、「永遠」です。なぜなら、人生には常に「発展」と「衰退」のどちらかがあるからです。

LESSON 33

思考フォーム

私にとって退屈なあなたには、「新しい現実」を構築することと、「新しい自分」を構築することの違いがまだよくわからないことでしょう。というのも、いずれの場合においても、新しい映画と新しいマネキンを構築することになるからです。でも、大丈夫。もうすぐ理解できるようになりますよ。


◉他の人のいいと思うところに着目する。

◉その人たちの状態や感覚を映写機として取り入れる。

◉その状態で、自分が欲しいと思っているものを、すでに持っているかのようにふるまう。

- その状態やその感覚で生きることに、慣れていく。
- 頭の中で考えるとともに、物質世界でも自分を構築する。
- 自分の目標を達成するために必要なことを、現在のコマの中で行う。
- 自己成長の道をたどれば、すべての疑問に対する答えが見えてくる。

次に来るコマを照らすことによって、新しい現実の映像を構築するのです。ここでは、現実は映画のような動きをします。新しいマネキンを真似することで、あなたは鏡への反射を構築することができ、それが映像本体へと流れていきます。この場合、現実は鏡のような動きですね。現実の構築と新しいマネキンに入って「フリをする」プロセスは、どちらも三つ編みを使って行う必要があります。

負担にならない程度に一日に何度も特別に時間を設けて、現実を意図的に構築する必要があります。フリをして生きるのです。自分の新しい役割を演じてください。真剣に、そして一貫性を保ちながら行ってください。ときどき三つ編みのことを忘れることがあってもかまいません。最も重要なのは、役になりきることです。それは映画撮影の前に、俳優もやることですよね。

その際には、新しいマネキンや新しい現実に関する情報が入ってくるように心を開き、状況が許すかぎり、この新しい役割を試してみてください。無理のない範囲で、思考したり、視覚化したりしてください。構築の助けになる**思考フォーム**（思考の形）というものを見つけることができるかもしれません。それをできるだけ何度もつぶやいてください。典型的な例をあげてみましょう。

〈私は、自分の専門分野において、最高のスペシャリストです。私の提供するものをみんなが求めます。私はこの仕事にとても喜びを感じています。社会への貢献度も高く評価されています。私はすべての仕事を見事にこなすことができます。〉

〈私は外で仕事をするのではなく、家庭、家族、そして子どもたちを一番に考えています。妻として、母として、私は抜群の存在です。夫は私に恋をしてくれていて、子どもたちは私を慕ってくれています。私も家族を愛していますし、家族を支えるのが私の幸せです。家庭の雰囲気は居心地がよく、喜びに満ちています。私はいつも家族みんなを元気づけています。〉

〈私は完璧な健康体です。強くて、引き締まったセクシーな身体をしています。私が何歳かは関係ありません。私の身体年齢は20歳ですし、これからもこの体を維持し続けます。私はいつまでも20歳でいられるのです。それは私が決めたことだからです。最高の気分です。私は活力に満ちていて、パワフルなエネルギーであふれています。〉

〈私はとても魅力的な人間です。私は、物質的なものを超えた確かな輝きを放っています。周りの人はその魅力に気づいていて、私に引き寄せられます。私には独特な魅力があります。私は全体的にとてもチャーミングな、カリスマ性のある人間です。みんな、私といて楽しいと思っています。喜びと祝福の雰囲気を、私はいつも持ち合わせています。みんながやってきてくれます。みんな、私のことが大好きなのです。〉

このように、自分の好みや気分に合わせて思考フォームを書くことができます。三つ編みを働かせながら、それを声に出して読んだり、心の中で思ったりしてください。そして、同時に、その宣言文に合うように行動してください。ゲームであることに気づいていたとしても、です。これは真剣なゲームなのです。そして、**自分自身に**

働きかけ、物質世界での自分のビジョンと適合するようにしてください。3大原則を通して実践すれば、大成功が待っています。

魅力、ウィット、知性、自信、天才性といった資質は、最初の2つの方法だけで比較的簡単に実現することができます。しかし、肉体的な属性となると、少し複雑になり、3つ目の方法に焦点を当てなければなりません。

肉体的な魅力は、内面的な要素に関係していて、特にあなたが欠点だと思っていることと大きく関係しています。常に劣等感を持っていれば、その人の顔や体型に明確に現れます。長所を伸ばせば、コンプレックスは**自然と**解消し、誰もあなたとはわからないほどの変化が現れることでしょう。

肉体的に限界がある場合でも、マネキンである体を大幅に改善することができます。というより、別のマネキンをあなたが占有すればいいのです。それを根気強く続けていけば、すべてのことが可能になります。老化も逆転させることができるのです。

ある種の身体的性質はＤＮＡに組み込まれていますが、それがすべてではありません。ＤＮＡはあなた自身の細部をすべて定義するほど多くの情報を保持することはできません。ＤＮＡはあなたがカタツムリなのか人間なのかを分ける程度です。もっと正確に言うと、ＤＮＡに含まれる情報では、胚のときのあなたをかろうじて表現できるくらいなのです。

では、残りの情報はどこにあるのでしょうか？　現代科学では、残りの部分に関しては謎のままなのです。それは現代科学が、私たちが永遠の保管庫と呼んでいる情報空間の存在を認めていないからです。科学はすべてを科学的に説明するという重責を担っているため、受け入れられないことが多いのです。そして科学的に説明できないことは、否定されるか、無視されるかのどちらかです。しかし説明できないからといって、それが存在していないというわけではありません。

あなたの設計情報のかなりの部分は、まさにその情報空間に含まれているのです。そして、あなたはその設計を修正することができます。もうちょっとしたら、わかるようになりますよ、私の大切な人。

LESSON

34

思考マーカー

もう認めちゃってもいいんですよ。素晴らしくて、ずば抜けている私のことを、あなたはうらやましく思っているんでしょう？　あなたは愚かで、不格好だから！　でも、あなたが私をうらやましく思ってもいいですが、他の人をうらやましく思うことは、許しません。自分に働きかけるのです！

◉新しい現実を自ら構築して、現実は映画だという側面を利用する。
◉新しいマネキンのフリをして、現実は鏡だという側面を利用する。
◉どちらの場合も、三つ編みを起動させて、思考フォームを宣言する。
◉新しい情報を入れて、新しい役割を生きていく。

- **同時に、現在の自分自身に磨きをかけ、物理的にも望んだものを手に入れる。**
- **身体的属性は、3大原則によって大幅に改善することができる。**

胚形成期後に発達したあなたの設計を修正する方法を説明する前に、少し話を戻します。私が覚えているかぎりでは、自分の好みや気分に応じて、自分の思考フォームを作るようにと言ったはずです。実はあなたの脳は、何か新しいものを生み出すことはできません。独自に何かを形作る能力は備わっていないのです。**意識の明瞭さを保つことで、情報を読み取る**ことしかできないのです。自分が誰であるかを忘れていませんか？　あなたは映画のただの登場人物なのですよ！

脳には3つの主な機能があります。最初の2つの機能は、**環境を認識する機能**と、**それを解釈する機能**です。3つ目の機能はあまり知られていませんが、**情報と同調する機能**で、記憶や、自分の思考や状態の調整に関わってきます。脳は思考を産出したり、記憶を保存したりしません。ラジオやテレビと同じような働きしかしていないのです。何かを思い出すとき、脳は永遠の保管庫に位置する情報空間に同調します。何かを考えるときも、脳はその情報をスキャンして同調し、そこから流れを作り、それが一連の思考として現れます。思考や記憶は、脳の中には保存されていません。脳の外の情報があると思われる場所、つまり情報空間に保存されているのです。

「状態」とは、けっこう興味深いものです。それは、**「創造主によって生み出されたときの自分、正確には設計された自分に対して持つあなた自身の感覚」**です。もし、あなたが自分自身を受け入れ、創造主によって与えられたものを何でも受け入れるなら、あなたはその状態に留まります。それと同時に、よいほうにも悪いほうにも変えることができます。それは、あなたの努力と周囲の環境に左右されます。

個人の特性や生まれてきた状況によって、自分のことを美人やハンサムで恵まれた人間だと思うこともあれば、醜い負け犬だと思うこともあるでしょう。これが自分の「状態」ということになります。その自己認識を自分の感覚として受け入れたとき、あなたの状態は設計と同期します。そして、もしそこに不一致があれば、設計のほうが自動的に修正されます。つまり、設計された最初の性質とは関係なく、運命の寵児から魅力のない無骨者になったり、逆に、醜いアヒルの子からみんなの人気者になったりもするのです。

さて、ここで質問です。この同期化のプロセスをコントロールすることは可能なのでしょうか？　その答えはもうわかるでしょう？　目覚めていない登場人物は、台本の中を漂いながら、「うまくいくか、いかないか」とか「運がいいか、悪いか」といった台本の気まぐれに、現在のコマで翻弄されるだけです。この場合、登場人物の意思には関わりなく、自動的に同期化が起こります。そして、運がよければスターになり、うまくいかなかった場合にはズルズルと下り坂を転がり、深みに落ちていくのです。

私のお気に入りであるあなた、新しい現実を構築するだけでなく、自分自身を新たに構築し、作り変えてください。新しい自分に同調して、意図的に新しい「状態」を獲得するようにしてください。

しかし、これは「同期化」とは異なります。思考フォームを宣言した瞬間に、新しい現実が構築されます。でも、まだそれは起こっていません。フリをするテクニックを使っても、あなたは、まだ必須条件を完全には手にしていないのです。では、次に何が起これればいいのでしょう？　それはあなたが新しい映画に移り、新しいマネキンに入り込み、自分自身の目で真の進歩を見ればいいのです。確実な進歩を目の当たりにすれば、「本当に効果があるんだ！」と確信することでしょう。そうすれば、新しい自分の状態を手に入れることができるのです。

この新しい状態を獲得すると、あなたの思考フォームは**「思考マーカー」**（確認された思考）に変化します。

＃私は自分の現実を構築していることがわかった＃
＃私の意図は本当に具現化する＃
＃私は新しいマネキンに入り込んでいる＃

思考マーカーは、実際に起こっているということを示すもので、それらを事実として確認するものとなります。思考マーカーは思考フォームとは異なり、「ここまで読んだという本のしおり」のような役割を果たすものです。つまり、すでに起こったことを表したもので、それを証明する必要はありません。

一方、思考フォームとは、その有効性を証明しようとする宣言のことです。自分や他人に何かを証明しようとしたり、自分や現実を説き伏せたいと願ったりしても、うまくはいきません。偽ることはできても、物理的な現実でまだ起こっていないもので自分を納得させることはできないのです。ポジティブなアファメーションが、まったく疑念のない状態にしてくれることはないのです。**本当に効果があるのは「確認」**なのです。思考マーカーはすでに確認されていることを述べるものなのです。

もちろん、宣言するという思考フォームも設計に影響を与えますが、その影響はより小さいものです。なぜなら、同期化は、実際に現実の状況を事実として目の当たりにした瞬間にのみ起こるからです。思考フォームは、新しい現実が構築される初期段階で効果を発揮します。そして、最初の結果が見えてきたり、自分の進歩が少しずつ見え始めてきたりしたら、それらに特別な注意を払い、再び三つ編みを使って「自分の努力が実っている」と明言してください。

その瞬間、あなたは外的意図と接触し、設計との同期化が始まります。**思考フォームが現実を構築し、思考マーカーが設計を調整します。**なので、3大原則をすべて実行し、その進歩を観察して、思考マーカーに集約するのです。

♯毎日、私は明らかに目標達成に近づいている♯

♯私はすべてを見事に管理できている。私のプロ意識のレベルは高まっている♯

♯私の体は本当にどんどんかっこよくなっている♯

♯私は魅力的な人間になっている♯

LESSON

35

見逃さないでキャッチする

前回のレッスンのテーマはとても複雑な内容でしたね。前回の内容を復習しましょうか？　復習なんてしたくないって⁉　何を言っているんですか？　さあ、その殻から這い出てくるのです！　角を上げて！　さもないとお仕置きですよ。

- 思考は何かを作り出すことはない。永遠の保管庫から情報を読み取るだけである。
- 脳には、「認識」「解釈」「同調」の3つの主な機能がある。
- 脳は受信機として働き、記憶、思考、状態が同調する。
- 「状態」とは、繊細な詳細も含めた「自分は本当は何者なのか」というあなたの感覚。

●「状態」とは、今の気分を表すのではなく、「自分自身の感覚」のこと。
●設計も、自分の状態と同様に、良くも悪くも変化する。
●自分の状態を認識することで、状態が設計と同期化する。
●最初の設計にかかわらず、うまく離陸して空を飛ぶこともあれば、ズルズルと滑り落ちることもある。
●３大原則を実行することで、自分を新しい状態に変化させることができる。
●結果を見ることで、「フリをしていたこと」が本当になる。
●思考マーカーとは、「本当によくなっている」ことを確認するもの。
●思考フォームは新しい現実を引き起こし、思考マーカーは設計を調整する。

以前、私が「フリをするテクニック」を実践すると、現実にイリュージョンを引き起こすことができる、と言ったことを覚えていますか？　もう一度、繰り返しますよ。欲しいものがあれば、それを持っているかのように装いなさい。なりたい人がいれば、すでにその人であるかのようにふるまうのです。**その役になることに真剣に取り組み、プロの俳優のように生きるのです。**思考の中で、仮想空間の中で、そして可能であれば、行動で、日々の現実の中で、自分が作り出した幻想を自分が完全に信じきるまで、それを実践してください。あなたがそれを信じれば、現実もそれを信じるようになるでしょう。

いつ、それを信じるようになるのでしょうか？　そのテクニックが本当に機能しているという具体的な証拠を目にしたときです。だからこそ、私は、あなたが**進歩に気づいたときには、特別な注意を払うべき**だと言っているのです。変化を見つけたら、すぐに三つ編みを上げて、細部に至るまで喜びを感じながら、その出来事を味わってください。

では、奇跡はどのように起こるのでしょうか？　あなたの設計が調整されることで奇跡は起きるのです！　あなたは少し（または、かなり）変化します。それは、まるで新しい服を着て、新しい体になったようなものです。3大原則を定期的に行っていくと、どんどんレベルアップしていきます。

私の退屈なかわいいあなた、さあ、そのメソッドを試すのです！　何度も、何度も！　これが**設計同期化メソッド**です。

1　3大原則を別々に、または同時に実行する。

2　注意深く観察し、成功している証拠を見逃さずにキャッチする。

3　成功の兆しが見えたら、すぐに三つ編みを起動させて、思考マーカーで変化を固定する。

ポジティブな変化は、あなたのビジョンの現実化だけでなく、それを実現する手段にも起こります。現実は、あなたのビジョンを実現する可能性のある手段を提示し、それを使うように促します。

それが「失敗」するという場合もあるでしょう。それは避けられません。大事なのは、あなたがそれにどう反応するかです。失敗をすると、自分の状態が変わり、失敗したと感じます。このとき、設計にはどういう変化が起こるのでしょう？　考えたくもないですね。絶対にこのような同期を許してはいけないのです。では、それをどうやって回避すればいいのでしょうか？

やり方はとてもシンプルです。あなたが使える素晴らしい法則を忘れてはいませんよね？　そう、アドバンテージの法則です！　あなたはまだ、自分の台本にこだわる愚かな癖を捨てきれていないのですか？　いい加減にしないと、私があなたを見捨てますよ。あっ、いいことを思いつきました。あなたをホルマリン漬けにして、他の生徒たちに見せることにしましょう。いい見本ではありませんよ！　生徒たちに気がついてもらうためです。きっと生徒たちはすぐに賢くなり、私の言うことを聞くようになることでしょう。

一方で、幸運にも成功し、勝利を手にしたあなたは、その状態を大切にして、三つ編みを使うことを忘れることなく、しっかりとそれを味わえばいいのです。そうすれば、あなたの設計は自ずと調整され、よりよい方向へと発展していくことでしょう。**自分の状態には細心の注意を払い、責任を持つのです。自分で自分自身を管理するということです。**

またゴールシーンを設定すれば、「台本はあなたにショッキングなことを起こすかもしれない」と以前に言ったのを覚えていますか？　自分の人生が崩壊しているように感じるかもしれませんが、実際には古いものがあなたの現実から取り除かれ、空いたスペースが新しくて美しいもので満たされるようになっていくだけです。

自分の目標がどのような方法で実現されるのが一番適切なのかを知ることはできません。何もかもうまくいっていないように見えるかもしれませんが、実際にはすべてが完璧に進んでいるのです。ただ、**それがあなたの計画したとおりに進んでいないだけ**なのです。「あなたの道のりにはずっとバラの花びらが敷き詰められている」とは誰も約束していませんよ。

すぐに結果が出ないからといって、不安になってはいけません。現実は遅れて反応することを頭に入れておいてください。辛抱強く、粘り強く、一貫性を持つことが大事なのです。何をやってもうまくいかず、一生開かないドアをひたすら叩き続けているように感じるのであれば、それが本当にあなたの歩むべき道なのか、そして心から望む道なのかを自問してみましょう。**あなたを失望させない道は、「成長」という道です。**もちろん、古代ギリシャ語を勉強するといった意味の「成長」ではなく、自分を奮い立たせ、本当の意味で実が生るような「成長」です。

そしてもう一つ大事なことは、現実という鏡と三つ編みを使うことによって初めて、新しい自分の構築が可能になるということです。普通の鏡を見ながら、新しいマネキンを構築しようとしないでください。それだけは絶対にやってはいけません！うまくいかないか、むしろ逆効果になってしまいます。物質的な鏡の前では、自分の欠点は無視して、ポジティブなところだけに目を向けるのです。なくしたいと思っている短所に焦点を当ててはいけないのです。**欠点は、成長することによって消し去るか、個性として受け入れるべきものです。**どうしようもない場合は、そのままにしておいてください。

LESSON

36

スイート・ハーモニー

はい、はい、わかっていますとも。崇高な私に惜しみない賞賛を捧げるわけでもないのに、私のように成功したいとあなたは貪欲に望んでいますよね。まさに、高利貸しの守銭奴のよう！　でも私にはおかまいなく。あなたに借りなど作るつもりはありませんから。いつか私がキレてしまうその日まで、恨みのほうはためておくことにしましょう。

- **ポジティブな変化にきちんと意識を向ける。**
- **思考マーカーで変化をしっかりと固めた瞬間に、設計が調整される。**
- **自分の成功を逃すことなくとらえ、それを味わい、楽しむ。**

◉結果を確認することで、あなたはそれを信じる純粋な状態になれる。

◉3大原則を体系的、定期的に実践することで、あなたの設計は完璧なものになる。

◉失敗を見て失敗だと思ったり、敗北を見て敗北だと思ったりしてはいけない。

◉「成長」という道さえ歩いていれば、失望することはない。

◉「自分が自分の状態を管理する」のか、それとも「自分の状態が自分を管理する」のか。


最後のポイントは非常に重要です。その意味をしっかりと理解してください。自分の状態には細心の注意を払い、責任を持って管理しなければなりません。その理由は第一に、それがあなたの設計の鍵となるものだからです。第二の理由は、今からお話しします。

映画の中で目覚めたからといって、無敵ではありません。あなたは映画の中にいるのですから、映画の中で起こることはあなたにも起こりうるのです。目覚めたからといって、映画が変わるわけではありません。あなたにとって好ましい映画を流すことがあなたの役割です。しかし、万が一、よくないことが起こったとしても、あなたには、安全策となる方法があります。それが「アドバンテージ・メソッド」です。

アドバンテージ・メソッドは、すでに起こった状況に適用するだけでなく、まだ起こっていない出来事にも適用すれば、アドバンテージを生み出すことができます。今からその方法も紹介しましょう。きっと気に入ってくれると思います。その原理は単純で、**「うまくいけば素晴らしい！　うまくいかなくても、それはそれでもっと素晴らしい！」**というものです。これは、あなたにとって重要だと思う出来事に使ってみてください。あなたがその出来事を重要視しすぎていると、それによって成功が妨げられ、三つ編みでさえもあなたを救うことができません。このような場合には、その出来事がどのような結果になろうとも、自分にとってアドバンテージになり、成功なのだと前もって宣言しておきましょう。そうすることで、その出来事に対する重要性の度合いが減り、気分が楽になります。実際、台本のどの出来事が自分のためになるのかわかりません。これについては、以前に話しましたよね。

どちらにしても、自分にとっていいようになるといった映画を流すというのは、とても役立つ習慣なのですが、時には、疲れてしまうこともあります。これはどういうことでしょうか？　リラックスなどできないという意味なのでしょうか？　いいえ、違いますよ！　リラックスしてもいいのです。

これまで説明してきた原則に加えて、もう一つ考慮すべき現実の側面があります。それは**自分のいる場所の「天候」、つまり現在の映画の雰囲気**です。ここでは天気の話をしているのではなく、現実の一般的な状態のことを指しています。映画が持つ雰囲気が、過酷な場合もあれば、調和的な場合もあります。みんなそれぞれ異なる状況で生きているので、人にはそれぞれの「天候」があるのです。あなたにも、あなたの「天候」があります。たとえば、同じ地域に住んでいたとしても、あなたには青いサンゴ礁が広がっていますが、他の人には、凍てつく大地が広がっていたりするかもしれません。

つまり、あなたの今の現実の天候は、あなたの状態によって決まるのです。ここでいう「状態」とは、以前に話したような内容だけではなく、「あなたの気分」、「周りに対する態度」なども含みます。

自分の状態も、現実の状態も、一つの言葉で表現することができます。それは**「スイート・ハーモニー」**という言葉です。この「スイート」とは、ジャムなどを表現する「甘い」とは別物です。この「スイート」という言葉には多くの意味がありますが、ここでは調和を指し、すべてうまくいっているという意味です。喜びや楽しみも意味する、「愛しの人生」ということです。また「人と仲良くやっていく」ということも指します。スイート・ハーモニーとは、世界が平和で、人生に秩序と繁栄があり、すべてがうまくいっている状態です。「スイート（sweet）」は、「my sweet（私の恋人）」と使われるように、「愛しい」という意味もあります。人生を愛していれば、スイート・ハーモニーであふれた人生を送れます。自分を愛していれば、人生は喜びで満たされます。自分を愛していない場合でも、ハーモニーを作ることができさえすれば、自分を愛せるようになります。

法則を覚えていますか？　アドバンテージの法則に導かれるようになれば、人生においてて何らかの形で起こる悪い出来事はどんどん少なくなっていきます。ハーモニーは自然と現れてきますが、意図的にスイート・ハーモニーを作り出すことができれば、つまり周りの状況と調和することができれば、人生はさらに素晴らしいものになります。

「お手本にする人の空気感や状態を真似しなさい」とアドバイスしたのには理由があります。それは、状態とは、自分の設計を完成させる鍵であると同時に、魅力を生み出すものでもあるからです。あなたはお手本となる人のどこに惹かれるのでしょうか？　人生を楽しんでいる様子や、成功、スタイル、美しさ、魅力、そして喜びにあふれる態度にちがいありません。人が最初に求めるものは**喜び**です。人は喜びの光を放つ人に惹かれますし、たいていはみんなスイート・ハーモニーに惹かれるのです！

そして、スイート・ハーモニーに引き寄せられるものは他にもあります。それは現実です。現実もスイート・ハーモニーを好みます。調和を放つ人のために、現実は周りに調和を創り出します。不満、苛立ち、敵意などの態度はその真逆です。他の人をはねつけ、現実を意地悪いものにしてしまいます。

このことから、もう結論はわかるでしょう？　スイート・ハーモニーの状態を維持することです。ささいなことにも喜びを探せば、そこに喜びがあるはずです。どんな理由でもいいから祝いの機会を見つければ、人生は絶え間ない祝祭の連続になるでしょう。自分の中にも、周りにも、明るい雰囲気を作りましょう。他人に寛大な態度を示すだけで、自分に対する善意を呼び起こすことができます。そしてどんな状況であれ、自分の現実に対して寛大な態度を取ることで、現実そのものの善意を呼び起こすことができるのです。だからこそ、**意図的にポジティブな雰囲気を作るのです。**これを習慣にしてください。これはおそらく、これまで取り上げてきた中で最も役に立つ習慣です。

幸福、愛、快適さ、喜び、つまり「スイート・ハーモニー」を放っていると、人を引き寄せ、現実での成功も引き寄せます。誰もが同じものを求めているからです。**人は、幸運な人、つまりスイート・ハーモニーを放つ人に惹かれます。**映画のスクリーンや雑誌の表紙を見ると、飛び抜けて成功している人、生き生きと過ごしている人、美しくて幸せそうな人など、たくさんの人が登場します。そういう人たちを見ていると、あなたはつらくなりますよね。あれほど自分の人生はうまくいってないと……。でも、私を信じてください。あの派手な美しさや幸せは、ほとんどの場合、小道具や嘘偽りによるものなのです。でも、今のあなたは、本物のスイート・ハーモニーを作り出す方法を知っていて、実際に作り出すことができるのです。

私の言うことは正しいですか？　もちろんです！　私はいつも正しいのです！　私はあなたの巫女、タフティなのですから！

LESSON 37

三つ編みとエネルギーの流れ

愛情深いあなた、「スイート・ハーモニー」とはすべてがうまくいっている状態で、あるべき姿であるということを理解できましたよね。そしてスイート・ハーモニーは、最高の状態のときにだけ現れるものではなく、何が起こったとしても、意図的に作り出すものなのです。そうすることで、すべてのことが本当にうまくいきます。それは「天候」を操る能力を持つようなものです。

◉事前にアドバンテージを設定する。「うまくいけば素晴らしい！　うまくいかなくても、それはそれでもっと素晴らしい！」。
◉現在の「天候」は、あなたの状態しだい。

◉スイート・ハーモニーとは、楽しさ、快適さ、愛、親しみやすさ、祝福などを意味する。

◉人は、スイート・ハーモニーを放射している幸せな人に惹かれる。

◉現実さえも、スイート・ハーモニーを放つ人のために働く。

◉自分の状態をコントロールする。決して野放しにしない。


自分の状態を野放しにすると、他人の手の中であやつり人形のようにぶら下がり、偶然の出来事や他人の意思に左右されることになります。それは避けて、自分だけのスイート・ハーモニーを作り上げるのです。**誰といても、光をもたらしなさい。**現在のコマの中で、あなただけのオアシスを作りましょう。幸せでお祝い気分のオアシスを作るのです。どこに行こうと、あなたのオアシスはあなたとともにあります。オアシスは持ち歩けるのです。一日の始まりに「スイート・ハーモニー」の言葉を思い出してください。どんな状況であっても、常にその状態にいるように心がけるのです。「スイート・ハーモニー」、ただそれだけです。

イライラしたり、恐怖や不安といった感情に襲われたりしても、その感情と闘わずに、ただ観察を始めてください。何か不都合なことがあれば、自分の人生や現実で何が起こっているのかを観察しなさい。拡大鏡で恐怖をしっかり見ると、逆説的ながらその恐怖は小さくなるのです。あなたが現実を観察すると、現実はその力を失います。現実は見られることを嫌います。現実を観察すると、現実はのらりくらりと逃げ続け、あなたをコントロールする力もなくなってしまいます。**現実を見るときは、ジロジロと見るのではなく、横目でさりげなく見る**ようにしましょう。現実をイラつかせないように。

最後に、三つ編みについてもう少し詳しく説明しましょう。まず、三つ編みが感じられなかったり、その感覚が非常に漠然としたものであったりしても、大丈夫。感覚は人によって違います。それが、普通です。たとえば、私の友人のマチルダは三つ編みを感じず、むしろ背中からのわずかな圧迫感、**肉体ではない何かがあること**を感じると言います。

三つ編みに対する感覚は、さまざまな形で現れます。実際に感じられる人もいれば、ただ想像するだけ、という人もいるでしょう。それでも大丈夫です。誰かがあなたの後頭部に硬い真っ直ぐな三つ編みをつけたと想像してみてください。そして頭を振り、三つ編みがそこにあることを感じてから、それを取り外してください。その三つ編みはもうありませんが、さっきまでそこにあったという感覚が残っています。これが「ファントム感覚（幻肢感覚）」と呼ばれるものです。

このファントム感覚というものがわからなくても大丈夫。次のテクニックを試してください。まず矢のようなものが、後頭部から背中の真ん中あたりにまで垂れていると想像します。そして、一息吸ってから、息を吐くときに、矢が背中に対して斜めに持ち上がります。これでファントム感覚が得られるでしょう。このテクニックで三つ編みを活性化させることができます。

矢の角度や、矢と背中の間の距離は特に関係ありません。活性化した三つ編みが背中からどのくらいの距離にあるのかはエネルギーで感じるようにしましょう。矢のイメージを使わなくても大丈夫。その場合は、両肩甲骨の間から、肘ぐらいの長さに離れた距離のところに意識を向けてください。時間をかけて練習すれば、三つ編みを体感できるようになるでしょう。三つ編みを使わないでいると退化してしまうので、トレーニングが必要です。

そして、上級カタツムリ向けのもう一つのテクニックとして、三つ編みをさらに効果的に使うための方法を紹介します。体の中心軸に沿ってエネルギーの流れが上がっていくと想像してみてください。ひと息吸って、エネルギーが足から頭に向かって上がっていく、その感覚をとらえてください。次に、逆に上から下への流れを想像してみましょう。息を吐きながら、下降する感覚を追います。これを何度か練習します。息を吸っているときは上に向かって流れ、吐いているときは下に向かって流れます。その感覚は想像上だと思うかもしれませんが、エネルギーの流れは確かに存在するのです。これに気づけるようになるには熱心にトレーニングする必要があります。

次に、2本の矢があなたの体から反対方向に突き出ていると想像してください。胸からは前に、肩甲骨の間からは後ろに向かって突き出ています。お腹から前、腰から後ろのイメージでもかまいません。息を吸って、吐くときに、前の矢印が上向きに垂直な状態になり、後ろの矢印が下向きに垂直な状態になるとイメージしてください。両方にエネルギーが同時に流れることを感じてください。前方の矢によって引き起こされる上昇する流れは、中心軸のほんの少し前方で体全体に沿って流れます。後方の矢によって引き起こされる下降する流れは、中心軸より少し後方で体全体に沿って流れます。あるいは、どっちがどっちと決めないで、一方は上向きに、もう一方は下向きにというように、上昇する流れと下降する流れが同時に動いていると想像するだけでもいいでしょう。

このエネルギーを感じるトレーニングを何度か繰り返して、その流れを実感してください。次に、矢をイメージすることなく、息を吐くときに、上下のエネルギーの循環を感じてみてください。そして、後頭部から伸びた矢をイメージしたときのように、三つ編みを起動させ、ひと息吸ってから、息を吐くときに、三つ編みをすっと下げ、エネルギーの循環を起こします。少し練習すれば、コツがつかめます。

繰り返しますが、三つ編みを使うときと同じように、流れを起こすときも緊張しないように。あなたは、きっかけを作るだけです。あとは、エネルギーが勝手に体の中を流れていきます。これが、**三つ編みエネルギー・メソッド**です。

1　息を吸って、息を吐くときに、矢が背中から斜めに持ち上がるのをイメージす

る。これで三つ編みが活性化する。

2 三つ編みの感覚をそのまま保ちながら、自分の現実を思い描く。その間、自然に呼吸しておくように。

3 三つ編みの感覚をそのまま持ち続けながら、大きく息を吸い、吐くときに三つ編みを垂直にすっと下ろし、上昇と下降のエネルギーが循環するようにする。

4 上下のエネルギーの流れの動きを意識しながら、次のような思考フォームを心の中で、または声に出して言う。「私の意図が現実になる」。

5 その後、それまでの感覚をすべて手放す。

こうすると何が起こるのでしょうか？　あなたは、三つ編みを使って自分の現実を構築しているだけでなく、自分の意図を「メッセージ」として宇宙に放出しているのです。このようなエネルギーの流れが三つ編みの働きを強めるのです。このテクニックが自分に合っていて、楽しめるのであれば、このメソッドをずっと続けるのもいいでしょう。合っていないと思う場合は、以前の基本的な方法で十分です。

その他の効果的なやり方は、お風呂やその他の水のある場所にいるときに、三つ編みを使うことです。たとえば、お風呂に入っている時間を有効に使うことができます。エネルギーの流れを使わずに、三つ編みを起動させて、浴槽の壁には、もたれかからずに、自分の現実や自分自身、つまり新しいマネキンを描きます。力を入れる必要はありません。2、3分集中するだけで十分です。そのあと三つ編みのスイッチを切り、さらに10分ほどお風呂でリラックスしてください。

この方法のポイントは何でしょうか？　三つ編みの力に加えて、水も効果的に作用します。水は情報コンテンツとして、思考フォームを（もちろん思考マーカーも）簡単に蓄えますが、水にはあなたの意図を宇宙に送り出す働きはありません。まず、水はあなたが与えた情報を吸収して、次にあなたのエネルギー体にその情報を染み込ませるのです。水はこの点で優れた機能があります。水に浸かっていると、自分の意図が体に染み込むように蓄えられ、その後に歩き回ると、まるで「生きているラジオ局」のように、大気中にメッセージを放出することができるのです。

バスタブがない場合には、「コントラスト・シャワー」という方法もあります。まず、熱い（かといって熱すぎない）お湯で2、3分体を温めてから、冷たい水を1分以内でかけ続けます。これを3、4回繰り返します。温度差が大きいほどいいのですが、決して気分や体調を損ねない範囲で行ってください。

コントラスト・シャワーの場合、バスタブに浸かっているときほどは集中できないので、三つ編みの作業は後でしてください。ただコントラスト・シャワーを浴びていると、エネルギーの流れが劇的に改善されます。なので、シャワーの水を止めたら、気持ちを落ち着けて、集中してから、三つ編みエネルギー・メソッドを実践してください。これも非常に効果的なテクニックです。

これで以上です。とてもシンプルですね。三つ編みは、「それなら買えそう」とか「高くて買えそうにもない」とかいった機器ではなく、あなたがすでに持っていて、これからもずっと持ち続けるものです。どんな素晴らしい装置であっても、三つ編み以上に欲しいものを与えてくれるものはありません。意図的に、そして、目的を持って三つ編みを使ってください。そして三つ編みで不必要な「チャット」などはしないようにね。

LESSON

38

過去世からの力

私の愛しい人、これまで説明したことを、もうまとめたりしませんよ。とにかく、この本を何度も読み直してください。なぜなら、私が紹介した方法を試してみたとしても、最初からすべてを理解したり、覚えたりすることはできなかったでしょうから。また読むだけで、テクニックを実際にやってみなかったのであれば、なおさらです。ちゃんと見ていましたよ。

本を読むたびに、まるで初めて読んだかのような新しい発見があることにあなたは驚くでしょう。最低もう1回は、この本を初めから読んで、今一度しっかりと理解してください。

私がこの本で最後にお伝えしたいことは、**あなたの生まれながらの権利**についてです。たとえば三つ編みも、今まではあるとは思っていなかったですよね。もうわかっていると思いますが、あなたにはこれから起こる現実を構築する権利があり、新しいマネキンを作る権利もあるのです。それだけではありません。あなたには、過去の転生の過程で蓄積された自分の力を行使する権利があるのです。

命の意味とは何でしょうか？　**命そのものです。**それ以外に、「深い」哲学的な意味はありません。地球や一粒の砂の存在意義は何ですか？　そんなものは、ありません。ただ存在している、それだけのことです。生きているものと生きていないものの存在の意義にも、根本的な違いはありません。すべてのものが**「そこにある」**ということに意義があるのです。すべてが創造主の輝きです。

では、何度も生まれ変わることの意義は何でしょうか？　そこには意義などありません。いえ、ほとんどないと言うべきでしょうか。蝶の誕生と死から、そして宇宙の誕生と死に至るまで、すべての生命は創造主の夢見であり、創造主の輝きはすべてのものに存在しています。同じように、あなたの命も創造主の夢見であり、同時に、あなた自身の夢見でもあるのです。

なぜそうなのかは、創造主にしかわかりません。では、私たちには何がわかるのでしょうか？　それは、自分に何ができるのか、自分はどういう権利を持っているのか、です。**しかし、その知識はすべての人に与えられるわけではなく、求めた者にしか与えられません。**もしあなたがこういったことについて何も知りたいと思わないのであれば、あなたは自分の好きなように生きればいいのです。命の意味は命そのものにあり、もうそれで十分なのですから。

存在するすべてのものの意義と価値は同等です。あなたの命も、あなたに気づかれずに足元で潰されてしまったかもしれないカタツムリの命よりも、価値があるとはいえないのです。

もちろん、私があなたをカタツムリや変わり者と呼んだのは極端な表現でしたが、それには理由があります。問われるべきことは、あなたが知っていることや与えられているものが、あなたにとって十分かどうかということです。それが十分であるというなら、それでいいでしょう。誰もが物事に疑問を持たずに、意識を持たない存在として生きたとしても、**自分の命を生きる権利を持っています。**カタツムリが普通に、意識を持たない存在として生きたとしても、誰が非難することができるでしょうか？　というのも、カタツムリというのは、そもそも意識を持っていないからです。しかし、自己認識の能力を与えられているのに、意識を持たない登場人物のように生きることに、罪はないのでしょうか？　そして、それは恥ずべきことではないでしょうか？　それを問いたいのです。

もちろん、それはあなたのことを指しているわけではありませんよ、愛しい人。この本を読んでいるということは、あなたは一般的に知られていることや与えられていることに満足していない人たちの一人です。過去世において、あなたは自分自身がどれほど著名で偉大な人物であったかを想像することができないでしょう。しかし、まちがいなく、あなたは偉大な人物だったのです。**そうでなければ、今の人生を生きることはできなかったでしょうから。**

しかし、かつてあなたが偉大な人物だったのにもかかわらず、今はすべてのものが無駄になり、失われてしまいました。あなたには前世の記憶がありません。おかしいと思いませんか？　過去世に何の意味があるのだろうかと疑問に思う人もいるかもしれません。そこには、失敗と敗北、勝利と達成がありました。多くの代償を払い、多くのことを成し遂げてきました。そういったことは本当に意味のないもの、単なる無駄だったのでしょうか？

忘れてしまった夢の中で持っていたものを保持できないのと同じで、忘れられた人生の経験を取り戻すことはできません。しかし、もう一度言いますよ、**数多くの転生の過程で蓄積された力を行使する権利が、あなたにはあります。**そんなこと聞いたことがないですって？　だからこそ、私が今、伝えているのです。

あなた自身の力や魂の強さを無駄にしてはいけません。新しい人生を歩むとき、決してゼロから始めるべきではありません。それは過ちであり、創造の不具合なのです。その不具合を受け入れ、その過ちとともに生きるかどうかは、あなたしだいです。しかしそんな不具合がある生き物であるあなたは、何かの役に立つのでしょうか？　役に立ちません。私にとっても、です。しかしながら、本当はあなたには自分の中にある権利を主張することができるのです。**でも、どうやって？**

その方法はとてもシンプルです。自分の権利を宣言した人には、それが与えられます。文字どおり、こう言うだけでいいのです。

「私は、自分の権利を宣言します。私は、自分の力を取り戻します。私は、自分のすべての過去世の力を手にします」

しかし、この言葉だけでは十分ではありません。言葉は時に空しく響きます。ここでちょっとした違いを生むものがあります。あなたの言葉を届けるためには、今はもう退化してしまった「あれ」を使わなくてはいけません。そうです、三つ編みです。今やあなたはその存在に気づいていますよね。

現実を構築していたときと同じように、**三つ編みを使って宣言すれば、「パワー」にあなたの声が届くでしょう。**必要だと思ったら、いつでもそうしてください。そうするとすぐに、**あなたの力、自信、精神の強さが増している**ことを感じるでしょう。そして、うまくいっていることを確認するたびに、次のような思考マーカーを使って、新たな設計を定着させるようにしてください。

＃自分の力が高まっていることを実感します＃

ここで話すことは、もうありません。過去世からの力を使うことがどんなに素晴らしいことか、あなたは気づくことでしょう。

LESSON 39

無限の中の無限

疑いながら聞いていた多くの知りたがり屋さんたちが、待ち望んでいたことについて、ここではお話ししますね。それは、「ここで話されたことがすべて真実であるという証拠はあるのか?」です。あなたはこう疑っているはずです。「本当に映画の中に住んでいるの?」「映画から映画に飛び移るなんて、できっこないよね?」。

第一の証拠は、あなた自身の経験です。ここに書かれている方法や技術は本当に効果がありますので、自分で確かめてみてください。そして第二に、多くの間接的な証拠としては、「不可思議な説明のつかない出来事」という形で見つけることができます。今まで説明してきたメソッドが有効であることを示す直接的な証拠は見つかりません。それは、なぜか現実がその秘密を明かそうとしないからなのです。

では、なぜ私がこのようなメソッドを知っているのか、あなたは疑問に思っていることでしょう。私の知らないこともたくさんあります。私が知っているのは、これらの方法が実際に機能するということだけです。「なぜ？」「どのように？」というのは、また別の問題です。映画や鏡は、より複雑なものをわかりやすく説明するモデルにすぎません。私たちは、現実がどのように機能するかを正確には理解できませんが、現実の特質を利用することはできますし、そうすべきです。そのために、理解しやすいモデルや解釈を提示するのが私の仕事なのです。私が自信を持って言えることは、**「そのモデルでうまく説明できるなら、それはもとの仕組みに非常に近いものだ」**ということです。

なので、映画や鏡のたとえで、私はしつこく説明しようとしているのです。現実はバーチャルではなく、「今ここで起こっていること」です。コンピューターゲームと混同してはいけません。しかし、現実は映画に似た構造をしています。もっと正確に言えば、多数の映画のフィルムが絡み合っているのです。それらの映画の中には、現在、流れているものもあれば、保管庫に残っているものもあります。

パラレルな物質世界は存在しません。物質世界は一つで、それが私たちの世界です。しかし、世界のバーチャルなバリエーションは無数に存在しているのです。つまり、それが保管庫の中の映画のリールなのです。保管庫にある映画フィルムの一部分が、現在のコマの物質的な世界でランダムに映写されることが時々あります。そんなときは、過去や未来、あるいはまったく別の文明から来た人が、現在のこの場所に現れる可能性があるのです。

保管庫の中からこの世界に来た人たちは、自分の前世をとてもリアルに感じるでしょう。なぜなら、その人の記憶は、保管庫の中のその映画に強く結びついているからです。**脳は情報を保存するのではなく、情報の所在を保存するものです。**映画から別の映画に移るとき、情報の所在は前の映画から切り離されて、新しい映画にくっつきますが、時には例外があります。これが「デジャヴュ」と呼ばれるものです。

デジャヴュとは、自分の人生ですでに起きたことだということは確かなのに、周りの人たちはそうではないと主張する現象のことです。逆に、周りの人にとってはすでに起こったことでも、自分だけがその出来事をどうしても思い出せない場合もあります。これは記憶に不具合が生じているのではなく、その情報がある映画のリールと、回っている映画に相違があるからです。現実は時にこのような過ちを犯します。

現実は似たような不具合を注意深くなくそうとしますが、それがいつもうまくいくわけではありません。たとえば、マンデラ効果と呼ばれるものは、個人の記憶の不具合というのではすまされない、デジャヴュよりもさらにひどい現実の大失敗です。

マンデラ効果とは、非常に多くの人たち（実際、何百万人、何千万人もの人たち）が、「事実の確認ができない今の現実の何かを、誤って集団で記憶していること」です。これはたとえば、多くの人が「こんな映画でこんな言葉が出てきた」と鮮明に覚えていたとしても、今となっては、その言葉はどこかに消えてしまったり、入れ替わってしまったりして、どんな媒体にも、どんなに古い資料にも、その記録が残っていないようなことです。映画にかぎらず、このような例は枚挙にいとまがありません。

このような現象をどう説明すればいいのでしょうか？　みんなが混乱しているからでしょうか？　なぜこのようなことが起こるのでしょうか？　その答えは、私たち全体の現実がその言葉のあった映画ではなく、別バージョンの映画に移動してしまったということです。現実は受け入れがたいミスさえも受け入れます。**映画が変わったことで過去が変わったのですが、記憶の情報の所在が修正されなかった**のです。その集団は以前のフィルムに何が映っていたかをはっきりと覚えています。というのは、それは彼らの情報の所在が、まだ以前の映画となっているからです。

ここでは、各個人の映画について話してきました。しかし実際には、現実の全体的な映画はもっと複雑な方法で構築されています。一人ひとりの映画はそれぞれ流れていますが、それらは人類共通の集合的な映画の中にあります。世界が終焉すれば、私たち一人ひとりも終わりです。世界の終わりは何度も予言されてきたことですが、いまだに現実には起きていません。予言者が認識しているように、そのバージョンの現実は保管庫のどこかに存在しているはずですが、今のところ集合的な人間の現実は、出来事が実際に起こる前に、より幸運な別の映画にジャンプしているのです。

また、現在が過去に紛れ込んだという事例もあります。たとえば、次のような記録がたくさん残っています。1911年7月14日、ローマを出発してロンバルディアに向かう旅客列車が、途中で山のトンネルに入ったところで忽然と姿を消しました。そのころ（正確にはそれよりももっと前なのですが）、1840年のメキシコの新聞には異常な出来事が記されていました。イタリア人の身分証明書を持ち、20世紀の身なりをした104人がメキシコで目撃され、彼らは「ローマから列車で来た」と主張したのです。もちろん、彼らの言うことを信じる者は誰もおらず、彼らは全員精神病棟に送られることとなりました。

失踪したイタリア人たちの現実に何が起こったのでしょうか？　さて、すでに述べたように、**現実とは過去にも未来にもないものであり、今ここにしかないものです。**本当にそうなのです。現実は常に現在の映画のコマのことで、今回のケースでも何も変わりません。しかし、もしこのような異常事態が発生し、映画が何らかの形で切り替わった場合（映画は勝手に切り替わることもあります）、未来のコマが過去の映画の中に入ってしまうということがあります。そうすると、その映画に映っている人や物が過去に現れます。

しかし、これはどうしたことでしょう⁉　映画のコマは順番に動いているというのに！　現在に生まれた人が、過去のコマで死ぬなんてことがあるのでしょうか？

確かに、コマは順番に動いています。先に流れたコマの中で人々が消え、それから、次のコマが流れて、その中で再び人々が現れるなら、まだわかります。しかし、実際には、後のコマが先に流れ、前のコマが後に流れたのです。これは未来と過去の映画が混ざってしまったために、私たちの知覚になじみのないズレが生じたのです。いくら説明しても、これはなかなか理解してもらえません。

しかし、過去の人がポケットの中身まで持って現代に現れたという記録も残っています。また、考古学者が発掘したものの中に、最近作られたものや、まだ知られていない未来のものが含まれていたという事例もあります。ここでも、先ほどと同じく映画が交差して混ざり合っているのです。時には、映画が交差するというよりも、並行して進む場合もあります。それが、クロノミラージュ（時の蜃気楼）と呼ばれるものです。

人も物も、空間上の物質的な物体として時間を移動するわけではありません。人や物は、現在にも過去にも、現実空間に存在していないかもしれません。しかし、映画が現在のコマの場所と時間に収まれば、それらはいつでもどこでも物質化することが可能です。つまり**物質的な現実というのは、光が当たっている映画の1コマなのです。現実そのものが無数の映画なのです。**これを理解しておいてください。

先ほど述べた異常な出来事が何かを証明するというわけではありませんが、現実は、異なる映画のバリエーションからなる無限の空間であることを間接的に示しています。人間の体の中にある量子間だけでなく、現実のすべてのものに隙間があることがわかります。なぜなら映画は互いに間隔のあるコマで構築されているからです。マクロの世界もミクロの世界と同じように量子であると科学が認めれば、さまざまな新しい発見があるでしょう。たとえば、時間や空間における瞬間移動や、その他の不可思議なことが映画の1コマ、1コマの間に発生するといったことです。

ここで紹介してきた実践方法は、すべての現実が不連続であることを確認するものです。現在のコマの周波数から自由になることで、不可能なものを生み出す力を身につけることができるのです。意識して三つ編みを使い、ここに書かれている手順にきちんと従えば、現実の周波数と状態から解放されます。その意味で、あなたは映画の中を自由に歩き回る能力を獲得するのです。

永遠の保管庫も瞬時に現れたものではなく、時間をかけて進化していったものだと考えられます。過去にあったもの、あったかもしれないもの、すべてがいつも記録されているわけではありません（しかし、保管庫はいつもあったのだと言うこともできます。そのためには、哲学的な思考を深め、「いつも」という言葉の意味を定めなければなりません。「いつも」とは何を指すのか？　知っている人などいるのでしょうか？）。

進化とは、ある意味では情報を生み出すプロセスであると言えます。生きているものも、生きていないものも共に進化・発展し、同時にその存在の多様性に関する自分自身の情報を作り出します。それはウェブでの進化にたとえられます。訪問者が情報を入力し、データが蓄積されていくという点においてよく似ています。

永遠の保管庫は無限の包括的情報フィールドではなく、あらゆるものに対して常に存在しているわけでもありません。むしろ、**無限の一部**であり、巨大な構築物のように、無限の中で動き、成長します。**無限の一部としての無限**なのです。そのようなものを想像できますか？　無理でしょうか？　まあ、想像する必要もないでしょう。理解を超えたものを過剰に分析しても意味がありません（もしかしたら、無限は存在せず、宇宙は有限であると主張する人がいるかもしれません。しかし、誰にも確かなことはわからないのです）。

あまり考えすぎないで動いてください。そして、知ることの喜びを味わってください。**自分自身と自分の現実を再創造できる**のです。このトンネルの終わりに待つ光を見つけることができれば、力と希望と目的が湧いてくるでしょう。それは、普通の人の視点からは「不可能」だと思われるようなものを、作り出そうとする意思のエネルギーです。

LESSON

40

終章

愛しいあなた、私たちは物語の第1巻を終えることができました。これは第1巻にすぎないのですから、もちろんまた会うことになるでしょう。

もし、あなたがまだホタルに変身していなくても、少なくともホタルに近づいてきているはずです。おそらく現在はその途中として、ソワソワした、好奇心いっぱいのヤモリのステージにはいるはずです！

あなたがたは私の栄光の光を浴び、目を細め、尻尾を振り、口を大きく開け、動物のような鳴き声を出すでしょう。「タ～フティ～、タ～フティ～！　私たちのみぃ～

〜〜こぅ〜〜！」と。そして、群れをなして、私を振り返りながら、ささやき合うのです。「どうやったら彼女を自分たちの利益のために利用できるのだろうか？」と。

最も重要なのは、授かった知識を使うことです。ほとんどの人（ほぼ全員）は、目を覚ますことなく生きています。健全な頭脳を持っていないかのように、顔を上げることもなく、周りを見ることもなく、なんとなく生きています。自分自身の現実を創造しようとはせず、魚が水槽の中を漂うように、割りふられた映画の中を漂っているだけなのです。

あなたは、そのような人たちとははっきり違うということを理解できましたか？しかし、だからといって他人を見下したり、ましてや軽蔑した態度を取ったりする権利はあなたにはないことをお忘れなく。眠っている登場人物を起こそうとしないで。それはまったく無駄なことです。他の人たちは自分たちが好きなように、できる範囲で生きればいいのです。目覚めることができる人は、あなたがそうであったように、私、タフティを見つけるでしょう。**私を覚えておいて。そして、自分自身を忘れないで。**

ここで紹介されている知識は、非常に凝縮された形となっています。しかも、漠然としていてつかみどころのないものかもしれません。全部理解できなくても、まっさらな気持ちで聞いてください。**理解しにくいのは、あなたが常に自分の裁量で行動しているという幻想のただ中にいるからです。**そして、自分の人生を生きていて、自分の意思と判断で行動していると思っているからです。

それなのに、なぜか何事も自分の思いどおりにはいかない……。この矛盾に気づけますか？　もし本当に自分の意思で行動しているのなら、なぜ自分の思いどおりにいかないのでしょうか？　心の中で「うまくいかない」と思っているからなのでしょうか？　いいえ、うまくいかない本当の理由は、自分の意思で行動しているのではなく、台本の言いなりだからです。

不安や恐怖、嫌悪などの感情に支配されると、夢見に落ち、トランス状態となり、自分が自分ではなくなってしまいます。自分を支配しているのはそれらの感情だと思っているかもしれませんが、そうではありません。**感情はあなたを眠らせ、その後**

で、台本があなたを支配するのです。

物事がうまくいかないもう一つの理由は、うまくいくような行動の仕方を知らないからです。あなたは、未来の現実を構築するのではなく、現在の現実と闘ってしまっているからです。この本の目的は、あなたをその幻想から引きずり出すことです。そのために多くのことを語ってきましたが、まずは目覚めて、幻影の中にいると気づくことが大切です。人生を根本的に変えるにはそれだけで十分なのです。

毎日の生活の中で、気になることや落ち込むことがあると思います。そんなときには、それに負けることなく、変化するほうにベクトルを向ける必要があります。**「私は現実を構築することができる。現実がどのようなものになるかを決めるのは私である」**と。あなたが構築するのは、最終的な結果、つまりゴールシーンであって、出来事の流れではありません。このように考える習慣を身につけてください。

「パワー」が現実を動かすものだと言いましたが、覚えていますか？　パワーこそが、映写機を回すものです。もしあなたが現実を構築し始めたら、**パワーはあなたに**

気づくでしょう。パワーは常に、映画を流すのを手伝ってくれる人に注意を向けます。パワーはそういった人たちを支え、助け始めます。パワーは、眠ったまま映画の中で役を演じているだけの空っぽの夢の中のマネキンには興味がありません。次のモットーを掲げてください。**「私はパワーを探し、パワーを見つけ、パワーですべてのことを行う」**。つまり、すべてのことを力強く、独創的に、そして魂を込めて行うということです。そうすれば、あなたは常にそのパワーとともに歩むことができるでしょう。

自分が起こした奇跡を喜ぶときは、子どものように大声をあげてはいけません。一人で静かに喜んでください。そうでないと、現実が復讐してくるかもしれません（現実というのはそういうもので、時にちょっと意地悪です）。そして、もっと大事なことは、友人に自慢しないということです。

友人たちに、日常会話の中で、現実やマネキンを作るための手法を教えないでください。彼らは理解できないでしょうし、バカにされるかもしれません。これらのテクニックは、文脈を無視しては決して理解できません。友人には本を読むことを勧めるほうがいいでしょう。この本を貸してはいけませんよ。このような本は一種の**お守り**のようなものだからです。この本は単なる文章の集合体以上のもので、**パワーを持っているもの**なのです。手に持って、その重さや全体の感覚を感じてください。この本はあなたのものです。

私はタフティです！　さようなら、カタツムリさん！　また次の機会にお会いしましょう！

メソッド集

ここで説明されているメソッドを実際に行うことが、なぜそれほど重要なのでしょうか?

それは、こういったメソッドはあなたを台本から解き放ち、あなたが映画の中で生き生きと歩けるようにしてくれるからです。

そして、役に立つ反応を自然に行うことができるようになるからです。

◇目覚めメソッド

1　何かが起きれば、目を覚ます。

2　何かをする前に、目を覚ます。

内部のスクリーンと外部のスクリーンの間にある、気づきの中心点に意識を向けてください。そこからだと、自分の思考と自分の周りで起こっていることを同時に観察することができます。現実の中の自分自身と、あなたを取り巻く現実を見ることができるのです。2つのスクリーンを同時に見るのです。大丈夫、できますよ。

外部トリガーの例：誰かに会った、誰かに何かを聞かれた、近くで何かが起こった、何でもかまいません。どんな音や動きでも、以前のあなたならそれに惹きつけられ、巻き込まれていたでしょう。何かが起こり、すぐにそこに意識が向いたとしても、自分の意識をコントロールして、意識を気づきの中心点に戻してください。

内部トリガーの例：どこかに行ったり、何かをしたり、誰かと話をしようと思って計画しています。行動する前に、自分の意識を気づきの中心点に向けます。行動する**前**に行ってください。行動を起こしてからでは遅いのです。最初は眠っていて、目が覚めてから眠っていたことに気づくでしょう。

◆**コマ照射メソッド**

1　3つのトリガーのうち、どれかが起こっていることに気づく。

2　目覚める。自分を見て、現実を見る。

3　三つ編みを持ち上げ、その感覚を保ちつつ、現実を構築する。

4　三つ編みの感覚を手放す。

5　その出来事があなたにとって、大切なものであれば、何度もそれを繰り返す。

自分の意識の向け先を気にかけたのと同じやり方で、今度はこれから起こるコマに注目します。ここでは3つのトリガーがあります。

期待――何かを待っていたり、何かをあてにしたりしているとき。
意図――どこかに行こうとしたり、何かをしようとしたりしているとき。
問題――解決すべき何かが起こったとき。

何かを期待しているときは、待ったり、あてにしたりせず、自分の現実を構築するのです。何かをしようと思っても、慌てて始めてはいけません。まず見たい現実を構築してください。問題が発生するたびに、待たずに、あてにせずに、騒がずに、自分が経験したいと思う現実を構築するのです。

コマ照射メソッドは、メタパワーを開発するための練習であり、同時に自分の望む現実を構築するための手段でもあります。無理をせずに、静かにこのメソッドをやってみてください。思考の中で、または言語化、視覚化など、あなたにとって最も効果的なものを使ってください。コマ照射メソッドの中で最も効果的なのは、視覚化です。

●三つ編みエネルギー・メソッド

1　息を吸って、息を吐くときに、矢が背中から斜めに持ち上がるのをイメージする。これで三つ編みが活性化する。

2　三つ編みの感覚をそのまま保ちながら、自分の現実を思い描く。その間、自然に呼吸しておくように。

3　その感覚をそのまま持ち続けながら、大きく息を吸い、吐くときに三つ編みを垂直にすっと下ろし、上昇と下降のエネルギーが循環するようにする。

4　上下のエネルギーの流れの動きを意識しながら、次のような思考フォームを心の中で、または声に出して言う。「私の意図が現実になる」。

5　その後、それまでの感覚をすべて手放す。

こうすると何が起こるのでしょうか？　あなたは、三つ編みを使って自分の現実を構築しているだけでなく、自分の意図を「メッセージ」として宇宙に放出しているのです。このようにして、エネルギーの流れが三つ編みの働きを強めるのです。

このテクニックが自分に合っていて、楽しめるのであれば、このメソッドをずっと続けるのもいいでしょう。合っていないと思う場合は、以前の基本的な方法で十分です。

◆アドバンテージ・メソッド

1　困ったことがあったときに使う。

2　目を覚ます。「自分を見て、現実を見る」。

3　「これにはどんなアドバンテージがあるのだろう？」と自問する。

4　答えが浮かんだら、それを受け入れて、その利点を手にする。

5　何も答えが浮かばない場合でも、ありのままの状況を受け入れる。

どんな出来事や状況にも、もともとプラス面とマイナス面があります。

一つのシンプルな法則を取り入れましょう。それは「すべてのものにアドバンテージを見い出す」です。どんな厄介な状況でも、どうしてもネガティブな反応をしてしまう出来事でも、アドバンテージを探し、それを見つけるのです。「アドバンテージを見い出す」という目標を自分に課してください。アドバンテージ・メソッドに従えば従うほど、人生において困った出来事が起こらなくなります。

◆フォロー・メソッド

1 何かをコントロールしようと思ったら、使う。
2 目を覚ます。「自分を見て、現実を見る」。
3 「台本からの最初の指示は何か?」と自分自身に問い、感じる。
4 答えが浮かんだら、その指示に従う。
5 答えが返ってこなければ、ゴールのコマを構築して、もう一度その流れに乗るようにする。

あなたが気にかけなければならないことは、一連の出来事や人々のふるまいではなく、最終結果、つまりゴールシーンなのです。自分を観察し、どこに意識を向けているかを観察してください。そして自分で作り出した計画に固執せずに、パワーの指示だと思って台本の微妙な誘いかけに従うようにします。

意識的に台本にリードさせることで、実際には**台本の「力と知恵」を使って自分自身を導いている**ことになります。そうすれば、すべてがスムーズにうまくいきます。反対に、台本の流れに沿わないときは、すべてが台無しになってしまいます。「何も思いどおりにならない」のは、あなたが自分自身を台本に委ねないからなのです。

すべてをコントロールしたいという習慣を手放して、「流れに乗る」という新しい習慣に変えなければなりません。

◆映像構築メソッド

自分が誰かに何かを求めていると気づいたら、すぐに目を覚まして鏡の前に立ってみましょう。鏡の前で何をすれば自分の欲しいものが手に入るでしょうか？　自分から最初の一歩を踏み出しましょう。**自分が欲しいと思うものを、人に与えるのです。**

1 「他の人に何かを与えてもらいたい」と思ったときに使う。

2 プレゼンスを得る。「欲しがるのは無駄なこと、与えなければならない」。

3 「同じようなものとして、何を与えられるか？」と自問する。

4 同じようなものを見つけたら、すぐそれを先に与える。

5 同じようなものが見つからなければ、とにかく与える。

p164、165の表を参考にして、あなたが望むイメージを構築してください。

●反射構築メソッド

現実という立体鏡では、本体と鏡に映っているものはつながっています。では、それは何を意味するのでしょうか？　それは、自分で作り出した像が鏡に映し出され、その像が本体に流れ込むということです。「フリをする」ことで、徐々に、現実があなたの作り話に合わせてきます。現実はイリュージョンを作るのが好きですが、イリュージョンを押しつけられることには耐えられません。現実は、あなたが作った幻影を現実に変える方法を見つけるのです。

1　自分の思いに気づく。「あれが欲しい」「こんなタイプの人になりたい」。
2　プレゼンスを得る。望むことは無駄なので、構築していく。
3　望みを叶えたかのように、ふるまう。

あなたが持っているフリをすれば、それを得ることができるし、あなたがその人のフリをすれば、その人になることができるのです。自分が作り出したイリュージョンを完全に信じるまで、思考の中で、仮想空間の中で、そして可能であれば行動や現実の中で、それを実践し続けてください。あなたが信じるやいなや、現実もそれを信じるようになります。

必要な条件は２つだけです。１つ目はそのゲームを真剣にプレーすること、２つ目はプレーし続けることです。

◆設計同期化メソッド

あなたは、ＤＮＡパターンと情報空間にある設計によって創られており、その設計をあなたは調整することができます。その設計は、あなたの「状態」によって、いいほうにも悪いほうにも変化します。「状態」とは、細かい部分も含めて自分がありのままの自分をどう思っているかであり、単なる気分ではなく、自己感覚のことです。

つまり、設計の初期値にかかわらず、運命の寵児から魅力のない無骨者になったり、逆に、醜いアヒルの子からみんなの人気者になったりもするのです。映画の無能な登場人物のように、意思を持たずに台本に流されてしまえば、うまくいくことも、失敗することも運しだいとなってしまいます。

実際、自分で状態をコントロールするか、または状態にコントロールされるかのどちらかです。だからこそ意図的に自分の状態を選択する必要があります。あなたは、大原則である3大原則（現実を構築する、主たる自分を構築する、現在のコマで自分を構築する）を行うことによって、新しい状態に移行します。

しかし、今のところ、この新しい状態は単に「フリをしている」にすぎません。フリではなく、本物の状態になるのは、そのテクニックが本当に機能していることが確認されてからです。だからこそ、あなたが進歩に気づいたときには、常にそこにしっかりと注意を払うようにしてください。変化が現れ始めたら、すぐに三つ編みを持ち上げ、細部に至るまで喜びを感じながら、自分が達成したことを味わいましょう。この瞬間、あなたの状態と設計が同期化し、設計自体に調整が入ります。これは、あなたが新しいマネキンを占有したことを意味します。

◆**総合散策メソッド**

1　新しい現実と自分を構築する。

2　その現実がすでに実現していて、そこに新しい自分がいるフリをする。

3　そして、もちろん行動し、創造し、内なる創造主の光を輝かせる。

これは、前に話したとおりです。あなたが映画の中でできることは、これから来るコマを構築すること、主たる自分を構築すること、現在のコマで自分を構築することと、です。すべてを真剣に受け止め、一貫して比較的長い期間（つまり「ずっと」）練習するようにしてください。そうすれば、あるときは映画そのものが、また別のときには鏡に映る自分の姿が変わり、あなたの人生とあなたのマネキンが変わり始めるのです。あなたは確実にその変化を目の当たりにすることでしょう。

基本事項のまとめ

■夢の空間

夢の空間というのは、あなたの想像の産物ではありません。それはリアルなものであり、起こったこと、これから起きること、そして起きたかもしれないことのすべてのものがある映画の保管庫という形で存在しています。あなたが夢を見ているとき、あなたはそのうちの映画の1本を見ているのです。

■現実

現実は玉ねぎのようにいくつもの層になっているのです。あなたは次の2つの層にしかなじみがありません。

それは、あなたが住んでいる物理的な現実世界と、毎晩眠りにつくときに見る夢の世界です。

寝ているということと起きているということは、ほとんど同じことですが、それが起こっている次元が違います。眠りについたり、目覚めたりすることで、一つの空間から別の空間へと移動するのです。睡眠とそれに続く目覚めは、生と死という関係に似ています。生とは眠ることであり、死とは目覚めることです。その逆ではありません。

■物理的現実

現実というのは、起こったことでもなく、これから起こることでもありません。一度きりの今この時点でのことです。現実は一瞬だけ存在します。それは、まるで映画の1コマのようなものです。過去から未来へと動いていきます。

■永遠の保管庫

永遠の保管庫とは、映画の保管庫のことで、そこには夢で見る世界と同じように、これまでに起こったもの、これから起こるもの、起こる可能性のあるもの、すべてが保管されています。照らされた映画の1コマだけが、物理的な現実の一瞬の映像であり、本当の意味での現実です。他のすべてのものは、過去や未来を含めてバーチャルなものです。そして、これらすべてが永遠の保管庫に保存されています。

■台本

あなたは常に外部の台本に言うとおりになっていて、映画の中に取り込まれ、登場人物の一人となっています。

■あなた

あなたとは、あなたの本質のことであり、あなたの意識のことです。意識は、気づきの中心点に長く留まっていることはできません。そのため、意識を中心点に戻すという新しい習慣を身につけなければなりません。自分の意識、つまり自分自身がどこにあるかということに関心を寄せるということです。

■意識

あなたは常に自分の内部か外部のどちらかに意識を向けていて、その中間に向けることはほとんどありません。そのため、あなたは常に眠っています。そして、そういう状態に慣れてしまっているのです。その結果、自分の意識のコントロールができずに、意識は勝手にいろんなところに向き、あなたは常に無自覚の状態でいるのです。

■内部スクリーン

あなたが物思いにふけっているときは、内部のスクリーンに意識が集中しています。周りで起こっていることに気づかず、自動操縦のように、何かの行動をしてしまうかもしれません。

■外部スクリーン

外部の何かに意識を向けていると、自分のことを忘れてしまい、考えずに反射的に行動してしまいます。

■睡眠

睡眠とは、あなたの意識が内部または外部のスクリーンに向けられているぼんやりとした状態のことです。この状態では、あなたは無力であり、自分自身や周りで起こっていることをコントロールすることはできません。睡眠というのは、「戻ることが可能な意識のない状態」のことです。

■夢

夢とは、夢の空間で、または物理的な現実空間で、あなたが見るものです。現実と夢は本質的には同じもので、あなたは現実という夢を見ているのです。現実は夢であり、夢は現実なのです。

■目覚め

眠りから覚め、「私はどこにいるの？　何をしているの？　何に意識を向けているの？」と自問してみましょう。この質問を自分に投げかけた瞬間、あなたは目覚めの状態になり、気づきの中心点に到達します。「これが私であり、これが私の現実です。私は目覚めています。私は自分を見て、私の現実を見ています」。

■気づきの中心点

気づきの中心点とは、自分の意識がこの瞬間にどこに向けられているか、何に集中しているかを確認できる観測点です。同時に、自分の周りで何が起こっているのか、自分が何をしているのかをも確認することができます。

■あなたの人生

あなたの命、より正確にはあなたの本質、あなたの魂もまた、輪廻転生しているのです。あなたは過去世を覚えていません。それは転生のたびに、あなたの魂には、別の人生、あるいは別の夢があるからです。魂にとって肉体は不可欠な存在ではありません。肉体の中の魂は、魂が存在しうる形態の一つにすぎません。体は一種のバイオスーツなのです。

■動きと変化

動きと変化というのは、現実と生命の基本的な性質です。映画のコマは映画の流れに沿って動きます。イモムシは蝶に変身します。その蝶は卵を産み、イモムシとなって、再び蝶になるのです。

■夢（寝ているときも起きているときも）

夢には、明晰夢と、普通の夢があります。明晰夢でなければ、夢の中で、あなたはまるで子うさぎのように、頼りなく無力です。しかし、あなたが意識をコントロールし始めるだけで、あなたは映画の中で命を得て、自分の思いどおりに行動する能力を得ることができます。

■夢の中でのお散歩（眠っているときも起きているときも）

「自分を見て、現実を見る」。そう言いながら、気づきの中心点に入ります。「今日は、目覚めながら昼間の夢の中をお散歩してみよう」と自分に言って、明確な意識の状態で、職場や学校など、どこにでも散歩に出かけてみましょう。外部か内部のスクリーンに没入しているときには、あなたはそこにいません。自分自身や状況をコントロールできていません。意識が明瞭な状態になると、夢見の状態から自由になり、睡眠中であろうと日々の生活の中であろうと、あなたの夢が意識的なものとなります。自分自身をコントロールできていることはもちろんのこと、状況をコントロールする能力を手にします。それは最も大事なことです。

■夢の中の登場人物

夢の中に出てくる人たちは、生きている人間（映画の登場人物）とどう違うのでしょうか？　それは、夢の中の登場人物には自己認識がないというところです。彼らは、自分が個性ある人物だとは認識していません。意思がありません。行動に自由がなく、台本に支配されています。魂もありません。彼らは単なるひな型であり、マネキンです。彼らは「私は私だ」と言うことができません。彼らには「本質の自分」というものがありません。

■映画の登場人物

映画の中の登場人物。それがあなたです。眠っているときも、起きているときも、あなたは映画の中にいて、台本の流れに沿って行動しています。あなたの思考はあなたのものではありません。なぜならあなたの意識があなたのものではないからです。映画の中を散策していると、あなたは自分の意識が常に内部か外部のスクリーンに流れてしまっていることに気づいたことでしょう。目覚めると、眠り続けている周りの人たちとは異なり、自分を見て、現実を見て、意識的に意思をコントロールすることができるようになります。それは以前にはできなかったことです。これが自分をコントロールし、現実をコントロールするという新しいステージに入るための第一歩です。

■トリガー（きっかけ）

気づきの中心点に絶えず注意を向けようとする必要はありません。それよりも大事なことがあります。それは、自分の周りで起こっていることに気がつく能力です。眠りに落ちるという習慣ではなく、周りで何かが起こったときに目を覚ますという逆の習慣を身につける必要があります。どんな出来事でも、たとえ自分の周りで空気の流れにちょっとした変化があったとしても、あなたは気がつかなくてはなりません。それが目覚めのトリガーということなのです。何かをするときには、あなたの意識がどこに向いているかを思い出さなくてはなりません。

以下が、トリガーの例です。

外部トリガー――何かが起きれば、目を覚ます。

内部トリガー――何かをする前に、目を覚ます。

■現実を構築する

現実を構築するとは、映画の1コマ1コマがどのような方向性に行くか、どの映画を流すかを決めることです。あなたにはそれができる力があるのです。それなのに、自分の意識の向け先をコントロールできていないように、あなたはその力を活かせていません。今の状況と闘うのではなく、あらかじめ自分の望む現実を構築するのです。ところが、あなたは、今のコマに現れているあなたにとっての現実を変えようとしています。「現実」というのは、すでに起こったから、「現実」なのです。起こってしまったことを変えることはできません。しかし、あなたがふだんしているのは、まさにそういうことなんですよ。あなたの周りのことは、すべてもう起こってしまったことなのです。

■映画のコマを進める

もうわかりましたね。過去を変えることは不可能です。現在のことも、すでに起こってしまったことなので、忘れたほうがいいでしょう。現在も、あなたが選ぶものではないということです。あなたができることは、あなた自身の未来を創造することであり、そのコマを映し出してくれる映画を選ぶことなのです。

■意図

意図はあなたの行動に関わっています。何かを始めるには、まずそれを意図しなければなりません。あなたが何かをしているというのは、意図が行動によって遂行されているときです。意識に2つのスクリーンがあるように、意図には2つのセンター、つまり内部と外部のセンターがあります。

■内部センター

内部センターは、頭蓋骨の前頭部に位置しており、日常生活で使うすべての機能を司っています。つまり、それはあなたのちっぽけな意図を司っているということです。集中するときには厳しい顔をしますよね。何かをしようとするとき、あなたは筋肉を緊張させます。筋肉があるおかげで、現在のコマの中で基本的な行動を取ることができるのです。

■外部センター

外部センターは、もうどこにあるか、わかっていますね。そうです。三つ編みの先にあります。外部センターのほうは、ほとんど使っていません。それこそが未来のコマを動かすものなのに。

■意図の三つ編み

これはエネルギー・チャクラで、見かけは、よくある三つ編みのようなものです。幻肢感覚のように、もうそこに存在しないのに、まだあるように感じることができるものです。目には見えませんが、垂れ下がらずに、背中から斜めに突き出ています。

外的意図のセンターの原理は、実にシンプルです。三つ編みの先端に意識を移し、自分の人生に引き寄せたいと思う出来事を思い浮かべます。そうすることで、その未来のコマが照らされ、物理的な現実に現れます。「三つ編みとエネルギーの流れ」のレッスンを参照してください。

■三つ編みの使い方

1　眠りから覚め、「気づきの中心点」に入る。 そしていつものように、こう言ってください。「自分を見て、現実を見る」。

2　三つ編みを起動させる。 感じてください。はい、そこにありますよね。三つ編みに意識を向けたら、それをすぐさま背中から斜めに上げ、起動させます。

3　三つ編みから意識をそらさずに、未来の姿をイメージする。 思考で、言葉で、視覚化で、できるだけ、あなたの現実を作っていってください。

こうして、あなたは未来のコマを照らし出し、それを物理的な現実として具現化するのです。

■「自分で行動を決めている」という幻想

あなたは自分の裁量で行動していると思っていることでしょう。非常にもっともらしい考えですが、実は、やはりそれは幻想にすぎないのです。イリュージョンとは、自分が見ていると思っているものだけでなく、自分がしていると思っていることもそうです。あなたは常にその中に浸かっているので、これがイリュージョンかどうかもわからなくなっているのです。

あなたは「あなたに起こっている人生」という映画の中の登場人物です。「あなたの人生」を生きてはいません。「人生の出来事があなたに起こっている」だけなのです。夢のマネキンでも、映画の中の登場人物でも、自分たちの行動が幻覚であると認識することはできません。厳密には、「自分の行動によって結果が変わるというのは幻想」だとは認識できません。

■習慣

自分で現実を作らずに、何かを待ったり期待したりする習慣を続けていると、あなたはカタツムリ（より正確に言うと登場人物）になっています。その出来事が起こるのか、起こらないのか。それがうまくいくのか、いかないのか。こういう態度は受動的なものです。この態度では、おそるおそる現実を探り、少しでも何か障害になるものがあれば角を引っ込めるカタツムリと変わりがありません。

■思い込み（カタツムリの殻）

自分自身を、能動的態度にシフトする必要があります。待ったり、期待したりするのではなく、望む現実を自ら構築するのです。その際、思い込みという枠組みがジャマをしてしまいます。枠組みに従うと、自分の現実を作ることが不可能になります。その思い込みというのは、カタツムリの小さな殻です。新しい習慣や認識は、古い習慣が根づくのと同じように、継続的な繰り返しの中で育まれます。

■これからやってくる現実

これからやってくる現実は、永遠の保管庫に存在しているものの、常に多くのバリエーションがあります。まだこれからどの映画が流れるかは最終的に決まっていません。今のところ、その最終シーンのある映画は誰のものでもありません。もし誰かがやってきて、ゴールシーンのコマに光を当てれば、それに合う映画がその人のものになります。そして、その誰かというのがあなたであれば、それはあなたのものになるというわけです。しかし、現実が本当にあなたのものになる前に、自分自身を再プログラミングしなければなりません。つまり、何度も繰り返して、新しい習慣や認識を身につけなければならないのです。

■再プログラミング

これからやってくるコマを管理するトレーニングをなぜ何度も繰り返す必要があるのでしょうか？　それは、あなたのカタツムリの殻に新しいプログラムを埋め込むためです。自分自身で何度も体験しないかぎり、現実が自分の意思に従うということを信じるのは難しいでしょう。最も効果的なトレーニングは、シンプルな出来事でコマの動きをコントロールすることです。そうすることで、以下のことができるようになります。

――目を覚まして、意識を向ける先をコントロールする。

――三つ編みの操作法、視覚化スキル、意図を発達させる。

――能動的態度にシフトして、最終的には支配的な台本から逃れ、自分自身の現実を構築する。

■変容

創造主はあなたを、未来を見つめる光り輝く生き物として創造しました。「自分の裁量で行動している」という幻想に陥る前は、あなたはまさにそうだったのです。自分の現実を構築するトレーニングを重ねることで、カタツムリはホタルへと徐々に変化していきます。コマを照らす内なる光を放つと、まるで光を目指して飛んでくる蛾のように、望む出来事のほうから自分に向かってやってくるようになります。カタツムリのままの周りの人たちは、角を出し、好奇心からあなたに向かって這い寄ってきます。

■集中力

コマをうまく照らすには、力みではなく、集中力が大切です。がんばりはいりません。せめて2、3分くらいは集中できますか？　1分ならどうでしょう？　たったそれだけでいいのです。力を抜き、穏やかな気持ちでコマ照射メソッドを実行してください。なぜかというと、力を入れると、意図の内部センターが動き始めます。しかし現実を管理するのは、外部センターなのです。もしあなたがコマを照らしているときに筋肉が緊張していたら、あなたのちっぽけな意図が動いているのだと気づいてください。内的意図ではなく、外的意図、つまり三つ編みだけを使ってください。三つ編みは乱暴に扱ったり、振り回したりするものではありません。

■主たる自分を構築する

「主たる自分を構築する」ということは、目を覚まし、自分の動機や行動を意図的にコントロールすることです。映画のコマの中では、腕や足、筋肉を使って、普通に自分で動くことでしょう。しかし、現実を構築するものは、本当は違います。それは意識、意図、メタパワーなのです。

■眠っているフリをする

フリをすることのポイントは、あなたには決まっている物事の道理を乱す権利はない、ということです。台本どおりに行動することが、決まり事なのです。映画から抜け出したり、映画の中で好きなことをしたりできる登場人物はいません。台本は誰かの主観的な意思の産物ではありません。それがあることは避けられない客観的な事実です。

つまり、映画の登場人物のように、あなたはその中にいることを運命づけられているということなのです。それから逃れることはできません。しかし、「フリをする」ことはできるのです。現実を欺くことはできるということです。

あなたは以前のように、台本に書かれたとおりに自分の役割を演じ続け、日々の仕事をこなしていきます。しかし、他の登場人物とは異なり、目を覚ましているあなたには、それ以上のことができます。それは、今、流れている映画を交換することができる、ということです。

生きてはいるけれども、死んでいるフリをしている登場人物として、映画の中を歩き回り、必要に応じて映画を交換するのです。台本も、他の登場人物も、疑うことはありません。

■プレゼンス

「プレゼンス」とは、「気づいた状態でいること、つまりあなたの本質でいること」です。つまり変わることのない映画の中で、「本質の自分」として、目覚めた、能力のある、理性的な個人として存在していることです。

ふだん映画のリールは勢いよく回り、すべては運命づけられていて、登場人物の行動は決められています。眠っている人たちの間で、映画の中でのあなたの存在は、「目が覚めた人」として際立っています。あなたは自分が他の人と違うことに気がついていて、何が起きているかを認識しています。映画の中でのあなたの行動もまた、台本によって決められています。しかし、あなたのプレゼンスによって、映画自体を切り替えるチャンスがあります。つまり次々と別の映画に切り替えていくことができるということです。

そんなプレゼンスを得るためには、あなたは目覚めて意識をしっかり持って、自分の立ち位置を決めなければなりません。映像側にいるのか、もしくは物質的な世界側にいるのか、ということです。言い換えれば、自分の意識がどこにあるのか、つまり「気づきの中心点」にあるのか、それとも内部か外部のスクリーン上にあるのかということです。

■あなたは台本をコントロールできない

現実を構築するとは、台本をコントロールすることではなく、映画を選択することです。あなたのすべきことは、次に来るコマに意識を向けておくことです。台本はどうしようもありません。あなたが台本を構築しようとしたり、それに抵抗しようとしたりすれば、台本はあなたをその罠に引き込みます。出来事の流れに影響を与えようとすると、現在のコマがかえって固定されることになります。あなたが強くコントロールしようとすればするほど、台本はあなたの尻尾（つまり三つ編み）をしっかりつかんできます。

どんな台本がゴールに連れていってくれるのかは、あなたにはわかりません。しかし、大事なことは、それを知る必要はないということです。あなたは映写機として機能しているのです。映写機でゴールシーンが照らされると、出来事の流れはあなたが必要とするものに変わります。ゴールを設定しさえすれば、台本はあなたのために働いてくれるのです。

■アドバンテージ

すべてが自分の計画どおりに進むことにこだわっていると、かえって望みのジャマになります。嫌悪感を示すことで、無意識のうちに自分にとってより悪い現実を構築しているのです。

自分の現実を台無しにすることなく、すべての面で素晴らしい世界にするためには、あるシンプルな法則を実行する必要があります。それは、「何事にもアドバンテージを見い出す」ことです。どんな厄介な状況でも、どうしてもネガティブな反応をしてしまうような出来事でも、アドバンテージを見い出すのです。「常にアドバンテージを見つけ出す」というのを人生の目標に掲げておいてください。アドバンテージの法則に従えば、人生にダメージを与えるようなマイナスの出来事はどんどん少なくなっていきます。

■起きるにまかせる(それが起こることを許す)

逆説的に聞こえる原則があります。それは、「台本ではなく、ゴールシーンを構築しなさい」というものです。あなたがすべきことは、その手にしたい「結果」をはっきりさせ、その現実に対応するコマを、三つ編みを使って、思考し、言語化し、視覚化することです。そうすれば、台本があなたを導き、その手段を示してくれるでしょう。

アドバンテージを探すということは、目覚めるための手段の一つです。どんな出来事も、あなたを煩わせるものではなく、警報であり、目覚まし時計のアラーム音です。あなたの仕事は、それらが起こったタイミングで目を覚まし、現実を見て、現実を構築することです。

これまでは、何か困ったことが起こると、「わー！ わー！」と腕を振り回したり、足を踏み鳴らしたりしていたことでしょう。しかし、今は、何かが起こったら、すぐに（心の中で静かに、または声に出して）「アドバンテージ！」と叫ぶことができます。そうすることで、世界があなたのために勝手に何かいいことをしてくれたり、助けてくれたり、目標に一歩近づけてくれたりするような流れを起こしてくれるのです。

■台本はあなたに指示を出す

なぜあなたはいつも、自分の意識を忘れているのでしょうか？ ぼーっとしているからでしょうか？ いいえ、それはあなたが台本どおりに動いているからです。あなたは、自分が主体的に行動していると思っていますが、もうわかっているように、それは幻想です。何も気づかないほどゲームの登場人物になりきっていて、「自分の裁量で行動しているという幻想」に強く囚われているのです。

ここに一つのパラドックスがあります。それは、あなたも映画の中の登場人物であるけれど、他の登場人物とは異なり、あなたには「自己認識」というものが与えられている、ということです。しかし、自己認識が働くのは、自分の意識を向けている先を気にかけた瞬間だけです。それ以外の時間は、あなたの意識は眠っていて、外部の台本に身を委ねているのです。

■現在のコマで自分を構築する

自分が映画の登場人物だと想像してみてください。映画が流れていて、あなたは筋書きを変えることはできませんが、誰もあなた自身が変わるのは止められません。「決して変わってはいけない」と説く人の話を聞いてはいけません。自分の本質、個性、自分らしさを失ってはいけないという意味では、それは合っていると言えます。

しかし、自分の本質を変えることなく、変わらなくてはいけないのです。自己成長に取り組むことは、本当の自分を損なうことではありません。もともと自然は、あなたを欠点も含めて完璧に創造しました。それは他の人も同じです。しかし、発展がないと劣化してしまいます。それが自然の法則です。シワシワのナメクジになりたくなければ、自分自身を鍛え、肉体的にも精神的にも成長させる必要があるのです。

■創造主の輝き

多くのことがあなたの自己成長にかかっています。あなたたち一人ひとりの中には、創造主のかけら、つまり創造主の輝きがあるのですから。その光を放ちましょう！　それは、宗教指導者の輝きではなく、創造主の輝きです。他人に何かを押しつけたくなるかもしれませんが、その誘惑に決して屈してはいけません。自分の現実と、そして自分自身を完璧に創造しましょう。最高の創造主はこの規則に反することはしません。創造主はあなたを支配するのではなく（どうせ言うことを聞かないでしょうが）、現実を創造します。あなたにもそれと同じことができるのです。

■パワー

あなたが意識を持ってプレゼンスを獲得し、意図を持って行動するとき、あなたは映画を自由に生き生きと歩き回っています。あなたの小さな意図ではなく、外的意図で映画のコマを動かすのです。なぜ「外的」意図と呼ぶのかというと、それがあなたのものではなく、あなたの意思に従うわけでもないからです。外的意図とは、パワーの構成要素の一つで、現実を動かしているエンジンなのです。それは、前もって決められているとおりに映画を回します。

あなたにはこのパワーへのアクセスポイントがあります。それはあなたの外部センターである三つ編みです。あなたが眠りに落ちていると、パワーは三つ編みをつかんで、まるであやつり人形であるかのように、あなたを台本どおりに動かします。しかし、あなたが目を覚まし、完全にプレゼンスを得て、三つ編みを自分の手に収めると、パワーに対応するためのメタパワーが活性化します。これによって、自分が構築しているコマに合った別の映画を始めることができるのです。

■メタパワー

メタパワーとは、物理的な力の裏側にあるものであり、対極をなすものです。通常の力（意思や体力）は、現実という鏡のこちら側、つまり物質的な面で働きますが、メタパワーは反対側、つまり非物質的な面から働きかけます。

鏡のような現実に映っているのは、こちら側の物質世界です。一方、映像は反対側の非物質世界にあります。

物理的な現実は、映像の鏡への反射であり、映像本体は向こう側にあります。そして、映像の保管庫には、さまざまなバリエーションの未来が存在しているのです。

メタパワーを感じることで、それが一体何なのかということを徐々に理解できるようになるでしょう。あなたはメタパワーを感じ、それを開発していかなければなりません。三つ編みはメタパワーを使うためのツールです。コマ照射メソッドは、メタパワーを開発するためのトレーニングであり、同時に自分の望む現実を構築するための手段でもあります。

■パワーからの指示

自己認識があるあなたは、常に「どうやって？」と問いかけ、自分が望むことを実現するための戦略をあれこれ考え出します。そうです、「どうやって？」を考えたとたん、自己認識が目覚めるのですが、それがかえってジャマになるのです。それはゴールを見すえるよりも、どうやって達成するかというつまらない考えを巡らしてしまうからです。現実のものと矛盾している台本を想像しては、自分のやり方にこだわり、結果的にすべてを台無しにしてしまいます。

あなたは自分を、そして自分の意識を観察しなければいけません。そうすることで、自らの計画に固執するのではなく、あたかもパワーからの命令であるかのような、なかなか気づきにくい台本からの誘いに乗ることができます。意識的に、そして意図的に、パワーに導いてもらおうと思えば、パワーからの命令を感じることができるのです。ゴールのことだけを考えていれば、台本はあなたをゴールに導いてくれます。

■流れに乗る

出来事の流れや他の人の行動ではなく、最終的な結果であるゴールシーンにあなたは集中しなければなりません。あなたがプレゼンスを獲得していたとしても、台本には抵抗することができません。あなたの意思に沿って起こる現実の変化はすべて、あなたが別の映画に切り替えた結果なのです。今流れている映画の中では、台本にはとても太刀打ちできません。台本に抵抗せず、自分を観察し、映画の流れに従いましょう。パワーの指示を感じ取り、それに従うことを学びましょう。台本の「力と知恵」を最大限に活用するために、流れに乗るのです。「フォロー・メソッド」の項目を参照してください。

■現実という鏡

あなたは常に自分のちっぽけな意図を使って、物事に直接働きかけています。人に愛してもらいたい、尊敬してもらいたい、助けてもらいたい、何かを与えてもらいたいと思っている場合、まるで子どものように「愛して」「尊敬して」「助けて」「ちょうだい！」と直接、要求しがちです。

外から見ると、鏡の前に立ち、手を伸ばして「それ、ちょうだい！」と叫び、鏡に映ったものを引き寄せようとしているようなものです。鏡はそれに応えてあなたと同じことをします。与えるのではなく、奪います。現実では、鏡の中と同じように、すべてのあなたの精神状態と行動が常に状況へと反映されます。出したメッセージと同じものが返ってくるのです。心から欲しくないと思っている場合は、なおさらです。結果、現実は鏡のように反応します。あなたのしたことが、あなたに返ってくるのです。

■現実を構築することはできても、他人を構築することはできない

ゴールシーンを構築する際に、人を無理やり自分の曲に合わせて踊らせようとしても、うまくいかないか、逆効果になってしまうでしょう。なぜなら、二重の意味であなたはルールを破っているからです。それは自分の台本だけではなく、他人の台本を侵害していることにもなるからです。

あなたの現実だけが、あなたの遊び相手です。ですから、夢の中で想像する自分のように、ゴールシーンの中ではあなたが主役なのです。あなたがスターであり、映画監督です。自分の船を進めるのです。コマの中の他の人物は、舞台装置の一部とすべきなのです。

これらのテクニックを、特定の人を巻き込んで使おうとするのはまちがっています。あなたができることは、そのような人たちと鏡のような関係を作ることです。特定の人に何かを求めるのであれば、その人に会いに行って、現在の映画の中で、現実は鏡のような性質があるのだということを考慮しながら、コミュニケーションを取る必要があります。

■内なる動機

あなたは、外部の力、つまり台本に動かされるだけでなく、自己価値や自己実現の追求という「内なる動機」にも導かれています。人に好意を持ってもらいたい、あるいは何かをしてもらいたいと思うのであれば、その人たちの重要性をはっきりと示し、目標達成を手助けしてあげましょう。

敵を作らないようにするには、周りの人の自尊心を傷つけないようにしてください。他の人に利をなすということを、人生哲学の一部にしてください。そうすれば、自分自身の自己実現に苦労することはないでしょう。他の人のためになって初めて、あなたの自己実現は成功します。逆に言えば、あなたのやっていることが他の人のためにならなければ、自分のためにもならないということです。

■現実を操る

現実には二面性があります。一方では、現実は映画であり、もう一方では立体鏡でもある、ということです。どちらの性質も紛らわしいですよね。そして一番あなたを惑わせるのは、現実がその本質を隠しているということです。映画のリールのある空間は見えないし、鏡そのものも見えません。しかし、現実の性質をよく知っておけば、幻影はあなたに対して力を失います。

現実という鏡が与える幻影は、通常の鏡よりもはるかに複雑なものです。空間は半分に仕切られているわけではなく、現実と映像の世界の間に目に見える境界はありません。あなた自身も、鏡のこちら側にもあちら側にも同時に存在しているのです。主体と鏡に映っている姿はつながっています。それは何を意味するのでしょうか？　それは、自分が作った映像が鏡に映し出され、その映ったものが主体に流れ込むということです。つまり、自分が持っていないものを持っているようなフリをしたり、自分がまだなっていない誰かであるようなフリをしたりすることで、鏡に映った姿を主体にできるのです。

徐々に、現実の姿があなたの作り話に同調していきます。現実は幻影を作るのが好きですが、幻影を押しつけられることには耐えられません。現実は、あなたが作った幻影を現実に変える方法を見つけることでしょう。

■他人を操る

現在のコマの中において、他の登場人物の意識を操作することは可能です。もうわかっていると思いますが、あなたは外部の台本と内なる動機の両方に導かれていいます。内なる動機の力のほうがはるかに小さく、それは主に自分の動く方向性を決めるものです。やはりあなたを動かすのは、台本なのです。しかし、とてつもなく貪欲なカタツムリは、自分の内なる動機、または台本に従って、自分の利益のためにあなたの進行方向を変えようとするかもしれません。

これが「操る」ということです。他の人の進む方向をコントロールしようとすることです。彼らは人をだましたり、偽の価値観や目標を作ったり、他人の弱みやニーズを利用したりというやり方で人を操ります。あなたの進路をジャマすることなく助けてくれる鏡の原理とは異なり、操り手はあなたを真の進路からそらし、あなたを利用しようとします。何かを押しつけられていると感じたら、自問してみなさい。「誰が、どんなふうに得をするのか」と。

■自分のことが好きになれない理由

自分のことが好きになれないのは、すべてのテレビの画面や本の表紙で、理想の美しさや成功、幸福が描き出されているからです。あなたはこれらの幻影を信じ込み、従順にも自分ではない他の何かになろうとしては、そのたびに自分はその基準に達していないと嘆くのです。実際には、美しさや成功、幸せは決して標準化できるものではなく、人によって異なるものです。それでも、あなたはその幻影を信じて、それに追いつこうとしています。

ですから、決して他人を見て嫉妬したり、自分を見て落胆したりしないで。ホタルのようにこれから来るコマを照らし、主たる自分を構築し、現在のコマで自分を構築してください。今の現実を自分の力ではどうにもならないものとして見るのではなく、自分で新しい現実を構築するのです。

■あなたが落ち込むとき

何かを待っている、期待している、何かに不安や負担を感じていることに気づいたら、すぐに目を覚ましてください。そんなときは、あなたは、自分自身の台本ではなく、押しつけられた外部の台本の言いなりになっています。登場人物が筋書きによって制限されているように、あなたも無意識のうちに「自由ではない、現実に縛られている、状況に制限されている」と感じています。それをなんとなく感じてはいても、どうすることもできないのです。それは完全に目覚めていないからです。

■フリをするテクニック

フリをするテクニックを使えば現実だけでなく、自分自身、つまりマネキンを構築することができます。そして、それと同時にマネキン自体も変化するのです。映像と鏡面に映る姿を交互に変えていくことで、夢に見ていた自分の姿に変わります。

■自分だけのマネキンを構築する

永遠の保管庫にある映画の中には、あなたのマネキンがいます。夢の中で映画を見ると、あなたの意識がそれに対応するマネキンを見つけ出し、命を吹き込まれて動き出します。夢を見ている間ずっと、あなたの数多くのバリエーションの一つとして、夢の中のマネキンの体を占有するのです。

同じことが物理的な現実でも起こります。新しい映画で、あなたの意識は次のバージョンのマネキンに入り、そのマネキンに命が吹き込まれ、現在のコマの中のあなたになるのです。

マネキンは今ここで、一瞬のうちに変えることができます。つまり自分の外見を驚くほど早く変えることができるということです。また、自信、魅力、コミュニケーション能力、勇気、知性、プロ意識などの資質やスキルも変えることができます。

■独自性

あなたには「独自性」しかないかもしれませんが、独自性があれば、たいていの場合はもうそれだけで十分です。同じようなものが他のどこにもないため、独自性自体が完璧なのです。どこにもない、誰も持っていないものに価値がないわけがありません。それはまさにあなたの「優位性」なのです。

すべての欠点には裏面があります。欠点を受け入れれば、それは貴重な個性となり、欠点を受け入れずに、それにあらがえば、欠陥となります。他の人も同じように感じます。貴重な資質だと見るのか、欠陥として見るのか。欠点を受け入れれば、それは長所に変わります。

創造主が意図したとおり、あなたは完璧な存在です。完璧とは、その人が本当の自分と調和して個性を体現している状態のことです。受け入れることで、調和が生まれ、拒絶することで不調和が生まれます。そしてそれに誰もが気づきます。

■トリプル・アクション

1つ目は、自分の欠点に目を向けないことです。自分には何かが欠けているといった考え方に飲み込まれないように。それはとても破壊的な考え方です。そうすると欠点は強化され、さらに悪い結果につながります。もっと別の状態、より建設的な状態にシフトしなければなりません。

2つ目は、あなたをかきたてるような、あなたが熱くなれるような、あなた自身や周りの人に利益をもたらすような人生の目標を持つことです。人生全般に空しさを感じているのであれば、それは目標を持っていないからです。目標がなければ、動きがなく、動きがなければエネルギーもなく、エネルギーがなければ人生もありません。だからこそ、自分の本当の目標、人生の目的を見つけて、動く必要があるのです。人生の目的がなければ、「あなた」は存在しません。あなたは空っぽのスペースでしかないのです。まだ人生の目的を見つけていない人は、3つ目の行動がその助けとなるでしょう。

3つ目は、人生の目的がわかっていてもいなくても、自分を向上させること、つまり自分を作り変えていくことに集中することです。フォーカスを当てるのは、常に自分です。自分の中の創造主の光を輝かせ、成長と自己改善に取り組むのです。そうすれば、以下の3つの成果がすぐに得られるでしょう。1つ目は、欠乏意識から抜け出す、2つ目は、人生の目的を見つける、3つ目は、人生の目的を達成する、です。

■自己成長

自己成長とは、価値のある目標であり、歩むべき道です。この道の途中にあなたの人生の目的があります。一度見つけたら誰もあなたを止めることはできません。覚えておいてください。「成長」と「衰退」のどちらかしかないのです。

自分を磨くことを煩わしい日課だと考えてはいけません。むしろ、その逆です。停滞、無気力、怠惰を経験するほうがはるかに大変なのです。自分を鍛えることは、面倒なことではなく、もっと楽しいことのための楽しい準備なのです。パーティーに行くときには、身支度をしますよね？　おしゃれに着飾りますよね？　今日がパーティーの日だとしましょう。そして、一度だけの準備では、明日、1カ月後、1年後にやってくるパーティーに対して不十分です。

■あなたの人生の目的

あなたの人生の目的は、あなたにインスピレーションを与え、あなた自身やその周りの人に利益をもたらすものです。輝かしい人生のために、停滞と劣化の状態から、抜け出す必要があります。そのためには、人生の目的、真の目標を見つけ、それに向かって一歩を踏み出すことです。人生の目的は、自己実現への道です。人生の目的がなければ、人生は、ただのぼーっとする時間です。自分の人生の目的がまだわからなくても、あなたの中で眠っている創造主の輝きは知っています。しかし、その輝きを放たなくてはなりません。創造主の光を輝かせ、自分自身に働きかけることで、「欠乏意識から抜け出す」「人生の目的を見つける」「人生の目的を達成する」という3つのことが達成されます。

■新しいマネキンを占有する

たとえば、「美しい体を手に入れたい」「魅力的な性格に変わりたい」「特定の分野で高い料金が取れるプロフェッショナルになりたい」と考えたとします。それはつまり、根本的に異なる映画にいる、より完璧なマネキンを占有するということです。そんな映画とマネキンはまちがいなく存在します。あなたがすべきことは、そこに行くことです。この目標は、「現実を構築する」「主たる自分を構築する」「現在のコマの自分を構築する」という3大原則によって達成されます。「あなたは素晴らしい」、「フリをするテクニック」などの章を参照してください。

■思考フォーム

フリをして生きて映像を構築するために、役に立つものが思考フォーム（思考の形）です。自分の好みや気分に合わせて思考フォームを書くことができます。三つ編みを働かせながら、それを声に出して読んだり、心の中で思ったりしてください。そして、同時に、その宣言文に合うように行動してください。ゲームであることに気づいていたとしても、です。これは真剣なゲームなのです。そして、自分自身にも働きかけ、物質世界での自分のビジョンと適合するようにしてください。3大原則を通して実践すれば、大成功が待っています。

■思考マーカー

思考マーカーは、実際に起こっているということを示すもので、それらを事実として確認するものです。思考マーカーは思考フォームとは異なり、「ここまで読んだという本のしおり」のような役割を果たすものです。つまり、すでに起こったことを表したもので、それを証明する必要はありません。状態が本物になったとき、あなたの思考フォームは思考マーカーに変換されます。そのためには、以下のことをしてください。

1　3大原則を別々に、または同時に実行する。

2　注意深く観察し、成功している証拠を見逃さずにキャッチする。

3　成功の兆しが見えたら、すぐに三つ編みを起動させて、思考マーカーで変化を固定する。

思考フォームは新しい現実を引き起こすものであり、思考マーカーは設計自体を調整するものです。

■スイート・ハーモニー

スイート・ハーモニーとは、世界が平和で、人生に秩序と繁栄があり、すべてがうまくいっている状態です。アドバンテージの法則に導かれるようになれば、人生において何らかの形で起こる悪い出来事はどんどん少なくなっていきます。ハーモニーは自然と現れてきますが、意図的にスイート・ハーモニーを作り出すことができれば、つまり周りの状況と調和することができれば、人生はさらに素晴らしいものになります。

人が最初に求めるものは喜びです。人は喜びの光を放つ人に惹かれますし、たいていみんなスイート・ハーモニーに惹かれるのです！　そして、現実もスイート・ハーモニーを好みます。調和を放つ人のために、現実は周りに調和を創り出します。

どんな理由でもいいから祝いの機会を見つければ、人生は絶え間ない祝祭の連続になることでしょう。

■ペーパー人間

あなたが映画の中を生き生きと自由に歩き回ることができていないのなら、あなたはペーパー人間だということです。まるで本の挿絵のような架空の人物にすぎないのです。

紙の人間に何ができるのでしょうか？　何もできません。紙のカタツムリも同じです。本の中で囚人のようにじっとしていること。それだけです。純粋な架空の人物とあなたとの違いは、「なぜすべてが私の思いどおりにならないのか」とあなたが叫ぶときの、まれに見ることができる自己認識のきらめきだけです。

■過去世からの力

数多くの転生の過程で蓄積された力を行使する権利が、あなたにはあります。その方法はとてもシンプルです。自分の権利を宣言した人には、それが与えられます。文字どおり、こう言うだけでいいのです。

「私は、自分の権利を宣言します。私は、自分の力を取り戻します。私は、自分のすべての過去世の力を手にします」

現実を構築していたときと同じように、三つ編みを使って宣言すれば、「パワー」にあなたの声が届くでしょう。必要だと思ったら、いつでもそうしてください。そうするとすぐに、あなたの力、自信、精神の強さが増していることを感じるでしょう。そして、うまくいっていることを確認するたびに、次のような思考マーカーを使って、新たな設計を定着させるようにしてください。

#自分の力が高まっていることを実感します#

＊ここでの言葉の説明はあくまで基本的なものです。ここに書いてある概要の細かな部分まで吸収するには、この本全体を熟読する必要があります。

参考図書

わからないことがあれば、「トランサーフィン」に関する本を読んでみてください。トランサーフィンは基本的には入門編です。タフティのテクニックは高度なものとなっています。トランサーフィンが小学校レベルだとすると、タフティは高校レベルだと言えるでしょう。

『リアリティ・トランサーフィン』（邦訳全4冊）
現実がどのように機能し、それを使って何をすべきか、というような基本的な説明。

現在のところ、邦訳はありませんが、その他、参考になる本は以下のとおりです。

『個別現実のプロジェクター』
自分だけの世界を作り、整えるための詳細な説明とツールの説明。

『テクノジェニック環境をハックする』
マトリックスの歯車にならないための方法。

『KLIBE　群集心理の幻影の終わり』
テクノジェニック環境で生き残り、設定した目標を達成する方法。

『クリーン・イーティング』
健やかで、美しい体に戻る方法。

監訳者あとがき

「あなたは台本に振り回されている哀れなカタツムリなんですよ！」と私たちを叱責してくるタフティ。このタフティとは、一体何者なんでしょうか？

タフティのきつい言い方に辟易しながらも、彼女が伝えてくる内容は、あまりにも斬新で刺激的です。

「えっ？　私たちの後頭部には見えないエネルギーの三つ編みがついている、ですって？」

「それを映写機として未来のコマを照らす？　なんのこと？」

頭の中がクラクラと混乱しそうになりながらも、読み続けていくと、その不思議な世界観に、どんどんと飲み込まれていきます。

それでいて、そのメソッドは思った以上に実践的。この本の監訳に携わっているあいだ、タフティが伝えてくれるテクニックを実際にやってみたりしました。具体的な成果はまたいつかお話したいと思いますが、確かに効きます！

思考フォーム、思考マーカー、ペーパー人間、スイート・ハーモニー……。聞き慣れずに、思わず「え？　何？」と思ってしまう言葉が目白押し。そんな新鮮な言葉と、アメとムチの使い分ける言葉がけで、タフティは現実という夢に落ちている私たちの目を覚まさせてくれて、鏡の向こうに連れていってくれます。

「あなたたちは、本当はカタツムリではなく、未来を照らして新しい現実を構築するホタルとして創られたんですよ」とタフティ。

今ある現実であがくのではなく、三つ編みを使って、これから来る明るい未来のコマに光を当てて、新しい現実を構築するまったく新しい手法を、みなさんもぜひ試していっていただければと思います。

2023年10月　成瀬まゆみ

ヴァジム・ゼランド

ロシア在住の作家で、元量子物理学者。その姿は謎に包まれており、いろいろな伝説が飛びかっている。世界的ベストセラーとなった著作『トランサーフィン』シリーズは20カ国以上の言語に翻訳され、発売から20年が経った今も、世界中でファンを獲得し続けている。

成瀬まゆみ

著作家、翻訳家、セミナー講師。『ハーバードの人生を変える授業』（タル・ベン・シャハー著、大和書房）の翻訳を通して、いちはやく日本にポジティブ心理学を紹介。各地でポジティブ心理学を中心としたセミナーを行っている。キャリカレの通信教育「ポジティブ心理学実践インストラクター®資格取得コース」を監修。近著は『まんがでわかる自己肯定感を高めるハーバード式ポジティブ心理学』（宝島社）。スピリチュアルなことにも造詣が深く、ヴァジム・ゼランドの『トランサーフィン』4部作は長年の愛読書。最大の関心事は、この世界の仕組みを探求して、現実世界で実践していくこと。その探求の範囲は、心理学から、脳科学、宇宙論、量子力学にまで及んでいる。
https://www.mayumi-naruse.com/

モリモト七海

ロシア語翻訳家。東京外国語大学言語文化学部ロシア語専攻卒業。ハバロフスクの太平洋国立大学に1年間留学。上場企業管理部門にて3年間勤務後、独立。空港、医療の分野での通訳業務をこなすとともに、ニュース記事の翻訳や映像翻訳など、多岐にわたる分野でロシア語翻訳家として活躍中。

タフティ・ザ・プリーステス
世界が変わる
現実創造のメソッド

2023年11月4日　初版第1刷発行
2024年12月13日　初版第9刷発行

著　者　ヴァジム・ゼランド
監訳者　成瀬まゆみ
訳　者　モリモト七海
翻訳協力　勝間真由美
発行者　出井貴完
発行所　SBクリエイティブ株式会社
〒105-0001　東京都港区虎ノ門2-2-1
DTP　RUHIA
校正　ペーパーハウス
印刷・製本　中央精版印刷株式会社
編集担当　小澤由利子（SBクリエイティブ）

本書をお読みになったご意見・ご感想を
下記URL、または二次元コードよりお寄せください。
https://isbn2.sbcr.jp/23159/

落丁本、乱丁本は小社営業部にてお取り替えいたします。定価はカバーに記載されております。
本書の内容に関するご質問等は、小社学芸書籍編集部まで必ず書面にてご連絡いただきますようお願いいたします。

ISBN978-4-8156-2315-9